DOROTHY PARKER

DU WARST GANZ PRIMA

DOROTHY PARKER

Du warst ganz prima

NEW YORKER GESCHICHTEN

Aus dem Amerikanischen von
Pieke Biermann und Ursula-Maria Mössner

KEIN & ABER

Die Texte dieser Ausgabe sind dem Band
New Yorker Geschichten entnommen, der 2003 bei
Kein & Aber erschien.

Die Originalausgabe von *New Yorker Geschichten*
wurde unter dem Titel *The Portable Dorothy Parker* 1944
sowie in einer revidierten und erweiterten Ausgabe 1973
bei Viking Press veröffentlicht.

Eine starke Blondine, Nur ein kleines …,
Trost und Licht, Sentiment und *New York - Detroit*
aus dem Amerikanischen von Pieke Biermann.
Ein Telefonanruf, Die Geschlechter, Dämmerung vor dem
Feuerwerk, Du warst ganz prima und *Da wären wir*
aus dem Amerikanischen von Ursula-Maria Mössner.

Coverillustration, Satz und Gestaltung: Sandra Rizzi
Druck und Bindung: Kösel GmbH, Altusried-Krugzell
ISBN 978-3-0369-5589-6

www.keinundaber.ch

INHALT

EIN TELEFONANRUF
(A Telephone Call)

Bitte, lieber Gott, lass ihn jetzt telefonieren. Lieber Gott, lass ihn jetzt anrufen. Ich will Dich auch um nichts mehr bitten, wirklich nicht. Das ist doch nicht zu viel verlangt. Es wäre eine solche Kleinigkeit für Dich, lieber Gott, so eine winzige, winzige Kleinigkeit. Nur lass ihn jetzt telefonieren. Bitte, lieber Gott. Bitte, bitte, bitte.

Wenn ich nicht daran denke, dann wird das Telefon vielleicht läuten. Manchmal tut es das. Wenn ich doch an etwas anderes denken könnte. Wenn ich doch an etwas anderes denken könnte. Angenommen, ich zähle in Fünferschritten bis fünfhundert, dann läutet es bis dahin vielleicht. Ich werde langsam zählen. Ich werde nicht mogeln. Und wenn es läutet, wenn ich bei dreihundert bin, dann werde ich nicht aufhören; ich werde nicht abnehmen, ehe ich bei fünfhundert bin. Fünf, zehn, fünfzehn, zwanzig, fünfundzwanzig, dreißig, fünfunddreißig, vierzig, fünfundvierzig, fünfzig … Oh, bitte, läute. Bitte.

Das ist das letzte Mal, dass ich auf die Uhr schaue. Ich werde nicht mehr daraufschauen. Es ist zehn Minuten nach sieben. Er sagte, er werde um fünf Uhr telefonieren. »Ich rufe dich um fünf an, Darling.« Ich glaube, da sagte er »Darling«. Ich bin fast sicher, dass er es da gesagt hat. Ich weiß, dass er mich zweimal »Darling« genannt hat, und das andere Mal war, als er auf Wiedersehen sagte. »Auf Wiedersehen, Darling.« Er war beschäftigt, und er kann im Büro nicht viel sagen, aber er hat mich zweimal »Darling« genannt. Mein Anruf konnte ihm doch nicht unangenehm gewesen sein. Ich weiß, dass man sie nicht dauernd anrufen soll – ich weiß, sie mögen das nicht. Wenn man es doch tut, dann wissen sie, dass man an sie denkt und sich nach ihnen sehnt, und das bringt sie dazu, dass sie einen hassen. Aber ich hatte ihn doch seit drei Tagen nicht gesprochen – seit drei Tagen nicht. Und ich hab ihn ja auch nur gefragt, wie es ihm geht; das war genauso, als ob ihn sonst jemand angerufen hätte. Das kann ihm doch nicht unangenehm gewesen sein. Er konnte doch nicht denken, dass ich ihn stören wollte. »Aber nein, natürlich störst du nicht«, sagte er. Und er sagte, er werde mich anrufen. Er brauchte das nicht zu sagen. Ich hab ihn nicht darum gebeten, wirklich nicht. Ich bin mir da ganz sicher. Ich glaube nicht, dass er sagen würde, er telefoniert mit mir, und dann tut er es einfach nie. Bitte, lass ihn das nicht tun, lieber Gott. Bitte nicht.

»Ich rufe dich um fünf an, Darling.« »Auf Wiedersehen, Darling.« Er war beschäftigt, und er war in Eile, und es waren Leute in der Nähe, aber er nannte mich zweimal »Darling«. Das gehört mir, das gehört mir. Das habe ich, auch wenn ich ihn nie mehr wiedersehe. Oh, aber das ist so wenig. Das ist nicht genug. Nichts ist genug, wenn ich ihn nie wiedersehe. Bitte, lass mich ihn wiedersehen, lieber Gott. Bitte, ich sehne mich so sehr nach ihm. Ich sehne mich so sehr nach ihm. Ich will gut sein, lieber Gott. Ich will versuchen, besser zu sein, das will ich, wenn Du mich ihn wiedersehen lässt. Wenn Du ihn telefonieren lässt. Oh, lass ihn jetzt telefonieren.

Ach, lass Dir meine inständige Bitte nicht zu gering erscheinen, lieber Gott. Du sitzt dort oben, so weiß und alt, mit all den Engeln um Dich herum und den Sternen, die vorüberziehen. Und ich komme mit der Bitte um einen Telefonanruf zu Dir. Ach, lache nicht, lieber Gott. Sieh mal, Du weißt nicht, wie das ist. Du bist so sicher, dort auf Deinem Thron, mit dem Himmelsblau, das unter Dir kreist. Nichts kann Dich berühren; niemand kann Dir eigenhändig das Herz im Leibe umdrehen. Das sind Qualen, lieber Gott, das sind schlimme, schlimme Qualen. Willst Du mir denn nicht helfen? Um Deines Sohnes willen, hilf mir. Du hast doch gesagt, dass Du alles tun würdest, worum man Dich in Seinem Namen bittet. O lieber Gott, im Namen Deines einzigen geliebten Sohnes, Jesus Christus, unseres Herrn, lass ihn jetzt telefonieren.

Ich muss damit aufhören. Ich muss mich anders verhalten. Schau. Nehmen wir einmal an, ein junger Mann sagt, dass er ein Mädchen anrufen wird, und dann kommt etwas dazwischen, und er ruft eben nicht an. Das ist doch nicht so schlimm, oder? Also das passiert doch überall auf der Welt, genau in diesem Moment. Ach, was kümmert es mich, was überall auf der Welt passiert? Warum kann das Telefon nicht läuten? Warum nicht, warum nicht? Könntest du nicht läuten? O bitte, könntest du das nicht tun? Du verdammter, hässlicher, funkelnder Apparat. Es würde dir wohl wehtun zu läuten, was? Oh, das würde dir wohl wehtun. Verdammt noch mal, ich reiß dir deine dreckigen Wurzeln aus der Wand, ich schlage dir deine selbstgefällige schwarze Visage in kleine Stücke. Verdammt noch mal, verdammt.

Nein, nein, nein. Ich muss aufhören. Ich muss an etwas anderes denken. Ich werde Folgendes tun. Ich werde die Uhr in das andere Zimmer stellen. Dann kann ich nicht daraufschauen. Wenn ich unbedingt daraufschauen muss, dann muss ich ins Schlafzimmer gehen, und dann habe ich etwas zu tun. Vielleicht ruft er mich an, bevor ich wieder daraufschaue. Ich werde ganz lieb zu ihm sein, wenn er mich anruft. Wenn er sagt, dass er mich heute Abend nicht sehen kann, dann sage ich: »Aber das macht doch nichts, Schatz. Aber das macht doch überhaupt nichts.« Ich werde so sein, wie ich war, als ich ihn kennenlernte. Dann wird er mich vielleicht auch wieder mögen. Ich war immer lieb, anfangs. Oh, es ist so leicht, zu Menschen nett zu sein, bevor man sie liebt.

Ich glaube, er muss mich immer noch ein bisschen mögen. Er hätte mich heute doch nicht zweimal »Darling« genannt, wenn er mich nicht immer noch ein bisschen mögen würde. Es ist nicht alles aus, wenn er mich immer noch ein bisschen mag; auch wenn es nur ein klein, klein bisschen ist. Sieh mal, lieber Gott, wenn Du ihn nur telefonieren ließest, dann würde ich Dich um nichts mehr bitten müssen. Ich würde lieb zu ihm sein, ich würde fröhlich sein, ich würde genau so sein, wie ich früher war, und dann würde er mich auch wieder lieben. Und dann würde ich Dich nie mehr um etwas bitten müssen. Verstehst Du das nicht, lieber Gott? Willst Du ihn denn nicht bitte telefonieren lassen? Ach, bitte, bitte, bitte?

Bestrafst Du mich, lieber Gott, weil ich schlecht war? Bist Du zornig auf mich, weil ich das getan habe? Oh, aber, lieber Gott, es gibt doch so viele schlechte Menschen – Du kannst doch nicht nur gegen mich streng sein. Und es war ja nichts sehr Schlechtes; es kann nichts Schlechtes gewesen sein. Wir haben niemandem wehgetan, lieber Gott. Etwas ist doch nur schlecht, wenn es anderen wehtut. Wir haben keiner einzigen Menschenseele wehgetan; Du weißt das. Du weißt, dass es nichts Schlechtes war, nicht wahr, lieber Gott? Willst Du ihn jetzt denn nicht telefonieren lassen?

Wenn er nicht telefoniert, dann weiß ich, dass Gott zornig auf mich ist. Ich werde in Fünferschritten bis fünfhundert zählen, und wenn er mich bis dahin nicht angerufen hat, dann weiß ich, dass Gott mir nicht helfen wird, nie wieder. Das wird das Zeichen sein. Fünf, zehn, fünfzehn, zwanzig, fünfundzwanzig, dreißig, fünfunddreißig, vierzig, fünfundvierzig, fünfzig, fünfundfünfzig … Es war schlecht. Ich wusste, dass es schlecht war. Na schön, lieber Gott, schick mich in die Hölle.

Du glaubst wohl, dass Du mir mit Deiner Hölle Angst einjagen kannst, ja? Du glaubst wohl, dass Deine Hölle schlimmer ist als meine.

Ich darf nicht. Ich darf das nicht. Nehmen wir einmal an, er ruft mich ein bisschen zu spät an – das ist doch kein Grund, hysterisch zu werden. Vielleicht ruft er gar nicht an – vielleicht kommt er direkt hierher, ohne zu telefonieren. Er wird verärgert sein, wenn er sieht, dass ich geweint habe. Sie mögen es nicht, wenn man weint. Er weint nicht. Ich wünschte bei Gott, ich könnte ihn zum Weinen bringen. Ich wünschte, ich könnte ihn dazu bringen, dass er weint und auf den Boden trampelt und im Innern schwer und groß und schmerzhaft sein Herz spürt. Ich wünschte, ich könnte ihm höllisch wehtun.

Er wünscht mir das nicht. Ich glaube nicht, dass er auch nur eine Ahnung davon hat, wie mir seinetwegen zumute ist. Ich wünschte, er könnte es wissen, ohne dass ich es ihm sage. Sie mögen es nicht, wenn man ihnen sagt, dass sie einen zum Weinen gebracht haben. Sie mögen es nicht, wenn man ihnen sagt, dass man ihretwegen unglücklich ist. Wenn man es doch tut, dann halten sie einen für tyrannisch und anmaßend. Und dann hassen sie einen. Sie hassen einen, wann immer man etwas sagt, das man wirklich denkt. Man muss ihnen ständig etwas vormachen. Ach, ich dachte, dass wir das nicht nötig hätten; ich dachte, das sei etwas so Großes, dass ich immer sagen könnte, was ich meine. Ich vermute, dass man das nicht kann, niemals. Ich vermute, dass es niemals etwas gibt, das dafür groß genug ist. Oh, wenn er doch nur telefonieren würde, dann würde ich ihm auch nicht sagen, dass ich seinetwegen traurig war. Sie hassen traurige Menschen. Ich würde so lieb und so fröhlich sein, dass er mich einfach gernhaben müsste. Wenn er doch nur telefonieren würde. Wenn er doch nur telefonieren würde.

Vielleicht macht er Folgendes: Vielleicht kommt er hierher, ohne mich anzurufen. Vielleicht ist er schon auf dem Weg. Es könnte ihm etwas zugestoßen sein. Nein, ihm könnte nie etwas zustoßen. Ich kann mir nicht vorstellen, dass ihm etwas zustößt. Ich stelle mir nie vor, dass er überfahren wurde. Ich sehe ihn nie still und lang und tot daliegen. Ich wünschte, er wäre tot. Das ist ein furchtbarer Wunsch. Das ist ein schöner Wunsch. Wenn er tot wäre, würde er mir gehören. Wenn er tot wäre, würde ich nie an jetzt und an die letzten Wochen denken. Ich würde mich nur an die schönen Zeiten erinnern. Es wäre einfach wunderbar. Ich wünschte, er wäre tot. Ich wünschte, er wäre tot, tot, tot.

Das ist albern. Es ist albern, sich zu wünschen, dass Leute tot wären, nur weil sie nicht genau in der Minute anrufen, in der sie anrufen wollten. Vielleicht geht die Uhr vor; ich weiß nicht, ob sie richtig geht. Vielleicht hat er sich eigentlich kaum verspätet. Alles Mögliche könnte schuld sein, dass er sich ein bisschen verspätet hat. Vielleicht musste er im Büro bleiben. Vielleicht ist er nach Hause gegangen, um mich von dort anzurufen, und dann ist jemand gekommen. Er telefoniert nicht gerne vor anderen mit mir. Vielleicht macht er sich Sorgen, nur ein klein, klein bisschen, weil er mich warten lässt. Vielleicht hofft er sogar, dass ich ihn anrufe. Ich könnte das tun. Ich könnte ihn anrufen.

Ich darf nicht. Ich darf nicht, ich darf nicht. O lieber Gott, lass mich nicht ihn anrufen.

Bitte, halte mich davon zurück. Ich weiß, lieber Gott, genauso gut wie Du, wenn er um mich besorgt wäre, dann würde er telefonieren, ganz egal, wo er wäre oder wie viele Leute um ihn herum wären. Bitte, mach, dass ich das weiß, lieber Gott. Ich bitte Dich nicht, es mir leicht zu machen – das kannst Du nicht, auch wenn Du eine Welt machen konntest. Nur lass es mich wissen, lieber Gott. Lass mich nicht weiter hoffen. Lass mich nicht tröstliche Dinge zu mir sagen. Bitte, lass mich nicht hoffen, gütiger Gott. Bitte nicht.

Ich werde ihn nicht anrufen. Ich werde ihn nie wieder anrufen, solange ich lebe. Er kann warten, bis er schwarz wird, bevor ich ihn anrufe. Du brauchst mir keine Kraft zu geben, lieber Gott; die habe ich selbst. Wenn er wollte, könnte er mich erreichen. Er weiß, wo ich bin. Er weiß, dass ich hier warte. Er ist sich meiner so sicher, so sicher. Ich frage mich, warum sie einen hassen, sobald sie sich sicher sind. Ich finde, dass es doch schön sein müsste, sicher zu sein.

Es wäre so einfach, ihn anzurufen. Dann wüsste ich Bescheid. Vielleicht wäre das gar nicht so dumm. Vielleicht wäre ihm das gar nicht unangenehm. Vielleicht würde er sich freuen. Vielleicht hat er versucht, mich zu erreichen. Manchmal versuchen die Leute wieder und wieder, einen telefonisch zu erreichen, und es heißt, der Teilnehmer antwortet nicht. Ich sage das nicht so daher, um mir zu helfen; das kommt wirklich vor. Du weißt, dass das wirklich vorkommt, lieber Gott. Oh, lieber Gott, halte mich vom Telefon fern. Halte mich fern. Lass mich noch ein klein bisschen Stolz haben. Ich glaube, ich werde ihn brauchen, lieber Gott. Ich glaube, er wird alles sein, was mir bleibt.

Ach, was nützt mir der Stolz, wenn ich es nicht aushalte, nicht mit ihm zu sprechen? Stolz von der Art ist solch eine alberne, armselige Kleinigkeit. Der echte Stolz, der große Stolz besteht darin, keinen Stolz zu haben. Ich sage das nicht, nur weil ich ihn anrufen möchte. Nein. Es ist wahr, ich weiß, dass es wahr ist. Ich will groß sein, über kleinlichem Stolz stehen.

Bitte, lieber Gott, halte mich davon zurück, ihn anzurufen. Bitte, lieber Gott.

Ich sehe nicht ein, was Stolz damit zu tun

hat. Die Sache ist doch viel zu geringfügig, als dass ich Stolz ins Spiel bringe, als dass ich deswegen ein Theater mache. Ich habe ihn ja vielleicht missverstanden. Vielleicht hat er gesagt, dass ich ihn anrufen soll, um fünf. »Ruf mich um fünf an, Darling.« Er könnte das gesagt haben, unbedingt. Es ist durchaus möglich, dass ich ihn nicht richtig verstanden habe. »Ruf mich um fünf an, Darling.« Ich bin fast sicher, dass er das gesagt hat. Lieber Gott, lass mich nicht so zu mir sprechen. Gib mir Gewissheit, bitte, gib mir Gewissheit.

Ich werde an etwas anderes denken. Ich werde einfach ruhig dasitzen. Wenn ich doch still sitzen könnte. Wenn ich doch still sitzen könnte. Vielleicht könnte ich lesen. Ach, alle Bücher handeln von Leuten, die sich lieben, aufrichtig und innig lieben. Weshalb müssen sie ausgerechnet darüber schreiben? Wissen sie denn nicht, dass es nicht wahr ist? Wissen sie denn nicht, dass es eine Lüge ist, eine gottverdammte Lüge? Weshalb müssen sie ausgerechnet darüber berichten, wo sie doch wissen, wie weh das tut? Verdammt noch mal, verdammt, verdammt.

Ich tue es nicht. Ich werde ruhig sein. Das ist doch kein Grund sich aufzuregen. Schau. Nehmen wir einmal an, ich würde ihn nicht sehr gut kennen. Nehmen wir einmal an, er wäre ein Mädchen. Dann würde ich einfach telefonieren und sagen: »Also hör mal, was ist denn mit dir los?« Das würde ich tun, und ich würde noch nicht einmal darüber nachdenken. Warum kann ich nicht ungezwungen und natürlich sein, nur weil ich ihn liebe? Ich kann so sein. Ehrlich, ich kann das. Ich werde ihn anrufen und ganz unbefangen und freundlich sein. Du wirst schon sehen, lieber Gott. Oh, lass mich ihn nicht anrufen. Bitte nicht, bitte nicht.

Lieber Gott, wirst Du ihn wirklich nicht mich anrufen lassen? Bist Du sicher, lieber Gott? Könntest Du Dich nicht bitte erbarmen? Bestimmt nicht? Ich verlange ja nicht, dass Du ihn jetzt in diesem Moment telefonieren lässt, lieber Gott; nur lass es ihn in einem kleinen Weilchen tun. Ich werde in Fünferschritten bis fünfhundert zählen. Ich werde es ganz langsam und ganz ordentlich tun. Wenn er dann nicht telefoniert hat, rufe ich ihn an. Bestimmt. Oh, bitte, lieber Gott, lieber gütiger Gott, mein heiliger Vater im Himmel, lass ihn vorher anrufen. Bitte, lieber Gott. Bitte.

Fünf, zehn, fünfzehn, zwanzig, fünfundzwanzig, dreißig, fünfunddreißig …

DIE GESCHLECHTER
(The Sexes)

Der junge Mann mit dem sehenswürdigen Schlips blickte nervös das Sofa entlang auf das Mädchen in dem fransenbesetzten Kleid. Sie studierte eingehend ihr Taschentuch; es hätte das erste seiner Art sein können, das sie je zu Gesicht bekommen hatte, so groß war ihr Interesse an seinem Material, seiner Form und seinen Möglichkeiten. Der junge Mann räusperte sich, unnötigerweise und erfolglos, und verursachte ein schwaches, synkopisches Geräusch.

»Möchtest du 'ne Zigarette?«, sagte er.

»Nein, danke«, sagte sie. »Trotzdem vielen herzlichen Dank.«

»Tut mir leid, aber ich hab nur diese Marke«, sagte er. »Hast du deine eigenen mit?«

»Das weiß ich wirklich nicht«, sagte sie. »Wahrscheinlich habe ich sie dabei, danke.«

»Wenn nicht«, sagte er, »dann könnte ich ja mal kurz rüber an die Ecke laufen und dir welche holen.«

»Oh, danke, aber ich möchte auf gar keinen Fall, dass du dir solche Umstände machst«, sagte sie. »Es ist schrecklich lieb von dir, daran zu denken. Vielen herzlichen Dank.«

»Willst du um Gottes willen aufhören, mir dauernd ›danke‹ zu sagen?«, sagte er.

»Wirklich«, sagte sie, »ich wusste ja nicht, dass ich etwas Unpassendes gesagt habe. Es tut mir schrecklich leid, wenn ich deine Gefühle verletzt habe. Ich weiß, was das für ein Gefühl ist, wenn man verletzt wird. Ich versichere dir, es war mir nicht bewusst, dass es eine Beleidigung ist, zu einem Menschen ›danke‹ zu sagen. Ich bin nicht gerade daran gewöhnt, von Leuten angebrüllt zu werden, nur weil ich zu ihnen ›danke‹ sage.«

»Ich hab dich nicht angeflucht!«, sagte er.

»Ach nein?«, sagte sie. »Ach so.«

»Mein Gott«, sagte er, »ich hab doch nur gesagt, ich hab bloß gefragt, ob ich nicht losgehen und dir Zigaretten holen könnte. Ist das vielleicht ein Grund, gleich an die Decke zu gehen?«

»Wer ist hier an die Decke gegangen?«, sagte sie. »Ich versichere dir, ich wusste nicht, dass es eine strafbare Handlung ist zu sagen, dass es mir nicht im Traum einfallen würde, dir solche Umstände zu machen. Ich muss wohl leider schrecklich dumm sein oder was.«

»Möchtest du nun, dass ich losgehe und dir Zigaretten hole, ja oder nein?«, sagte er.

»Himmel«, sagte sie, »wenn du derart gerne gehen möchtest, dann fühle dich bitte nicht verpflichtet, hierbleiben zu müssen. Ich möchte auf gar keinen Fall, dass du dich verpflichtet fühlst, bleiben zu müssen.«

»Ach, komm mir bloß nicht so«, sagte er.

»Bloß nicht wie?«, sagte sie. »Ich komme dir überhaupt nicht irgendwie.«

»Was ist eigentlich los?«, sagte er.

»Gar nichts«, sagte sie. »Warum?«

»Du bist schon den ganzen Abend komisch«, sagte er. »Du hast kaum ein Wort zu mir gesagt, seit ich reingekommen bin.«

»Es tut mir furchtbar leid, dass du dich

nicht gut unterhalten hast«, sagte sie. »Um Himmels willen, fühle dich nicht verpflichtet, hierbleiben und dich langweilen zu müssen. Ich versichere dir, es gibt Millionen Orte, an denen du viel mehr Spaß haben könntest. Es ist nur so, dass es mir ein klein wenig leid tut, dass ich das nicht früher gewusst habe, das ist alles. Als du gesagt hast, dass du heute Abend rüberkommst, habe ich eine Menge Verabredungen ins Theater und Ähnliches abgesagt. Aber das macht überhaupt nichts aus. Es wäre mir viel lieber, du würdest gehen und dich gut unterhalten. Es ist nicht sehr angenehm, hier zu sitzen und das Gefühl zu haben, einen Menschen zu Tode zu langweilen.«

»Ich langweile mich nicht!«, sagte er. »Ich möchte nirgendwohin gehen! Ach, Süße, willst du mir nicht sagen, was los ist? Ach, bitte!«

»Ich habe nicht die blasseste Ahnung, wovon du sprichst«, sagte sie. »Nichts auf der Welt ist los. Ich weiß nicht, was du meinst.«

»O doch, das weißt du«, sagte er. »Irgendwas stimmt nicht. Ist es etwas, das ich gemacht habe, oder was?«

»Himmel«, sagte sie, »ich versichere dir, dass es mich nichts angeht, was du tust. Es würde mir nicht einfallen, ein Recht zu haben, Kritik zu üben.«

»Willst du wohl aufhören, so daherzureden?«, sagte er. »Ja? Bitte?«

»Wie daherzureden?«, sagte sie.

»Du weißt schon«, sagte er. »So hast du heute auch am Telefon dahergeredet. Du warst derart rotznäsig, als ich dich angerufen habe, dass ich Angst hatte, mit dir zu reden.«

»Ich bitte um Entschuldigung«, sagte sie, »aber wie, sagtest du, bin ich gewesen?«

»Na ja, tut mir leid«, sagte er. »Ich hab das ja nicht so gemeint. Du bringst mich nur derart auf die Palme.«

»Weißt du«, sagte sie, »ich bin es halt nicht gewöhnt, derartige Ausdrücke zu hören. Ich habe mir noch nie im Leben so etwas sagen lassen müssen.«

»Ich hab dir doch gesagt, dass es mir leid tut, oder?«, sagte er. »Ehrlich, Süße, ich hab's nicht so gemeint. Ich weiß nicht, was mich dazu gebracht hat, so etwas zu sagen. Verzeihst du mir? Bitte?«

»Oh, aber sicher«, sagte sie. »Himmel, fühle dich nicht verpflichtet, dich bei mir entschuldigen zu müssen. Das macht überhaupt nichts aus. Es scheint nur ein klein wenig komisch zu sein, wenn jemand, den man für einen Gentleman zu halten gewohnt war, zu einem nach Hause kommt und einem gegenüber derartige Ausdrücke benutzt, das ist alles. Aber es macht überhaupt nicht das Geringste aus.«

»Ich glaube, dass nichts, was ich sage, dir etwas ausmacht«, sagte er. »Du scheinst sauer auf mich zu sein.«

»Ich bin sauer auf dich?«, sagte sie. »Ich kann nicht begreifen, was dir diesen Gedanken in den Kopf gesetzt hat. Warum sollte ich auf dich sauer sein?«

»Das frage ich dich«, sagte er. »Willst du mir nicht sagen, was ich angestellt habe? Habe ich etwas getan, was deine Gefühle verletzt hat, Süße? So wie du am Telefon warst, hab ich mir den ganzen Tag deinetwegen Sorgen gemacht. Ich konnte nicht die Spur arbeiten.«

»Ich möchte natürlich auf keinen Fall das Gefühl haben«, sagte sie, »dass ich deine Arbeit beeinträchtige. Ich weiß, dass es viele Mädchen gibt, die nichts dabei finden, etwas Derartiges zu tun, aber ich finde es furchtbar. Es ist jedenfalls nicht sehr schön, hier zu sitzen und sich von jemandem sagen lassen zu müssen, man beeinträchtige seine Berufsausübung.«

»Das hab ich nicht gesagt!«, sagte er. »Das hab ich nicht gesagt!«

»Ach, nein?«, sagte sie. »Ich hatte aber diesen Eindruck. Es muss wohl an meiner Dummheit liegen.«

»Ich glaub, ich geh wohl lieber«, sagte er. »Ich kann nichts recht machen. Alles, was ich sage, scheint dich bloß noch saurer zu machen. Wär's dir lieber, wenn ich gehe?«

»Bitte mach nur ruhig genau das, was du möchtest«, sagte sie. »Ich versichere dir, das Letzte, was ich tun möchte, ist, dich zu veranlassen hierzubleiben, wenn du lieber irgendwo anders wärst. Warum gehst du nicht irgendwohin, wo du dich nicht langweilst? Warum gehst du nicht zu Florence Leaming rüber? Ich weiß, dass sie dich liebend gern bei sich hätte.«

»Ich will nicht zu Florence Leaming rübergehen!«, sagte er. »Weshalb sollte ich zu Florence Leaming rübergehen wollen? Die fällt mir auf die Nerven.«

»Ach, wirklich?«, sagte sie. »Sie schien dir nicht gerade auf die Nerven zu fallen gestern Abend auf Elsies Party, stelle ich fest. Ich stelle fest, dass du nicht einmal mit jemand anderem reden konntest, so sehr fiel sie dir auf die Nerven.«

»Klar, und weißt du auch, warum ich mit ihr geredet habe?«, sagte er.

»Tja, ich nehme an, dass du sie attraktiv findest«, sagte sie. »Ich nehme an, manche Leute finden das. Das ist doch ganz natürlich. Manche Leute finden sie ganz hübsch.«

»Ich weiß nicht, ob sie hübsch ist oder nicht«, sagte er. »Ich würd sie nicht erkennen, wenn ich sie wiedersehen würde. Ich hab nur deshalb mit ihr geredet, weil du mich gestern Abend wie Luft behandelt hast. Ich bin hergekommen und hab versucht, mit dir zu reden, und du hast bloß ›Oh, guten Abend‹ gesagt – einfach so: ›Oh, guten Abend‹ – und hast dich umgedreht und mich überhaupt nicht angesehen.«

»Ich habe dich nicht angesehen?«, sagte sie. »Oh, das ist schrecklich komisch. Oh, das ist fabelhaft. Du entschuldigst doch, dass ich lache?«

»Nur zu, lach dich krank«, sagte er. »Aber so war's.«

»Nun, in dem Moment, als du ins Zimmer gekommen bist«, sagte sie, »hast du angefangen, ein solches Getue um Florence Leaming zu veranstalten, dass ich dachte, du wolltest niemanden sonst sehen. Ihr zwei schient euch so blendend miteinander unterhalten zu haben, dass ich mich, weiß der Himmel, auf keinen Fall aufdrängen wollte.«

»Mein Gott«, sagte er, »diese Dingsda kam her und fing an, auf mich einzureden, noch bevor ich überhaupt jemanden gesehen hatte, und was konnte ich da schon machen? Ich konnte ihr doch nicht eine vor den Latz knallen, oder?«

»Ich habe jedenfalls nicht gesehen, dass du es versucht hättest«, sagte sie.

»Du hast aber gesehen, dass ich versucht habe, mit dir zu reden, oder?«, sagte er. »Und was hast du gemacht? ›Oh, guten Abend.‹ Dann ist wieder diese Dingsda hergekommen, und da blieb mir doch gar nichts anderes übrig. Florence Leaming! Ich finde sie grässlich. Weißt du, wofür ich die halte? Ich halte sie für eine verdammt dumme Pute. Dafür halte ich sie.«

»Nun ja«, sagte sie, »das ist auch der Eindruck, den sie auf mich schon immer gemacht hat, aber ich weiß nicht. Ich habe Leute sagen hören, sie sei hübsch. Ehrlich.«

»Also die kann nicht hübsch sein, wenn sie im gleichen Zimmer ist wie du«, sagte er.

»Sie hat eine schrecklich komische Nase«, sagte sie. »Mir tut ein Mädchen mit so einer Nase wirklich leid.«

»Sie hat eine furchtbare Nase«, sagte er. »Du hast eine schöne Nase. Mann, hast du eine hübsche Nase.«

»Oh, das habe ich nicht«, sagte sie. »Du bist ja verrückt. «

»Und schöne Augen«, sagte er, »und schöne Haare und einen schönen Mund. Und schöne Hände. Lass mich eins von diesen Händchen halten. Ah, was'n feines Händchen! Wer hat die hübschesten Hände von der Welt? Wer ist das süßeste Mädchen von der Welt?«

»Das weiß ich nicht«, sagte sie. »Wer denn?«

»Das weißt du nicht?«, sagte er. »Und ob du das weißt!«

»Nein«, sagte sie. »Wer denn? Florence Leaming?«

»Ach, zum Teufel mit Florence Leaming«, sagte er. »Wegen Florence Leaming sauer zu sein! Und ich schlafe die ganze letzte Nacht nicht und arbeite den ganzen Tag nicht einen Strich, weil du nicht mit mir geredet hast! Ein Mädchen wie du ist sauer wegen einem Mädchen wie Florence Leaming!«

»Ich finde, du bist einfach vollkommen verrückt«, sagte sie. »Ich war nicht sauer! Was um alles in der Welt hat dich denn auf diesen Gedanken gebracht? Du bist schlicht verrückt. Au, meine neue Perlenkette! Warte eine Sekunde, bis ich sie abgenommen habe. So!«

DU WARST GANZ PRIMA
(You Were Perfectly Fine)

Der blasse junge Mann ließ sich behutsam in den Sessel gleiten und drehte den Kopf zur Seite, sodass Wange und Schläfe auf den lindernd kühlen Chintz zu liegen kamen.

»O Mann«, sagte er. »O Mann, o Mann, o Mann. Oh.«

Das Mädchen mit den hellwachen Augen, das anmutig und gerade auf der Couch saß, lächelte ihn strahlend an.

»Nicht ganz auf dem Damm heute?«, sagte sie.

»Oh, mir geht's großartig«, sagte er. »Fabelhaft geht es mir. Weißt du, wann ich aufgestanden bin? Schlag vier Uhr nachmittags. Ich hab immer wieder versucht hochzukommen, und jedes Mal, wenn ich den Kopf vom Kissen genommen hab, kullerte er unter das Bett. Das ist nicht mein Kopf, was ich da aufhabe.

Ich glaube, es ist etwas, das einst Walt Whitman gehört hat. O Mann, o Mann, o Mann.«

»Glaubst du, ein Drink würde dir vielleicht guttun?«, sagte sie.

»Um den Kater zu ertränken?«, sagte er. »O nein, vielen Dank. Bitte sprich nie wieder von so etwas. Damit bin ich fertig. Damit bin ich endgültig fertig. Schau dir diese Hand an; ruhig wie ein Zappelphilipp. Sag mal, war ich gestern Abend eigentlich sehr unmöglich?«

»Ach Gott«, sagte sie, »alle waren ziemlich gehobener Stimmung. Du warst ganz in Ordnung.«

»Tja«, sagte er. »Ich muss umwerfend gewesen sein. Sind alle sauer auf mich?«

»Du liebe Güte, nein«, sagte sie. »Alle fanden, du warst furchtbar lustig. Nun gut, Jim Pierson war während des Essens mal einen Moment lang ungehalten. Aber es gelang irgendwie, ihn auf seinem Platz festzuhalten und ihn allmählich zu besänftigen. Ich glaube nicht, dass man es an den anderen Tischen überhaupt bemerkt hat. Jedenfalls kaum jemand.«

»Er wollte mir eine verpassen?«, sagte er.

»Gütiger Himmel. Was habe ich ihm denn getan?«

»Nun, du hast gar nichts getan«, sagte sie. »Du warst ganz prima. Aber du weißt ja, wie reizbar Jim wird, wenn er glaubt, jemand mache zu viel Aufhebens um Elinor.«

»Habe ich Annäherungsversuche bei Elinor gemacht?«, sagte er. »War es das?«

»Natürlich nicht«, sagte sie. »Das war nur zum Spaß, nichts weiter. Sie fand, du seist ungemein witzig. Sie amüsierte sich glänzend. Sie war nur ein einziges Mal ein klein wenig verstimmt, wie du ihr den Muschelsaft über den Rücken gegossen hast.«

»Mein Gott«, sagte er. »Muschelsaft über diesen Rücken. Und jeder Wirbel eine kleine Vanderbuilt. Lieber Gott. Was soll ich bloß tun?«

»Ach, sie kommt schon wieder in Ordnung«, sagte sie. »Schick ihr einfach ein paar Blumen oder irgendwas. Mach dir deshalb keine Gedanken. Das hat nichts zu bedeuten.«

»Nein, ich mache mir keine Gedanken«, sagte er. »Ich habe überhaupt nicht die geringsten Sorgen. Ich bin fein raus. O Mann, o Mann. Habe ich sonst noch etwas Aufregendes zum Besten gegeben?«

»Du warst prima«, sagte sie. »Mach doch kein solches Theater deswegen. Alle waren ganz begeistert von dir. Der Oberkellner war zwar etwas besorgt, weil du immer weitersingen wolltest, aber eigentlich hatte er nichts dagegen. Er hat nur gesagt, er befurchte, dass das Lokal wieder geschlossen würde, wenn es solchen Lärm gebe. Aber es machte ihm nicht das Geringste aus, jedenfalls ihm nicht. Ich glaube, er freute sich, dass du dich so gut amüsiert hast. Ach, du hast ja nur einfach drauflosgesungen, etwa eine Stunde lang. Und so furchtbar laut war es eigentlich gar nicht.«

»Ich habe also gesungen«, sagte er. »Das muss ja ein Hochgenuss gewesen sein. Ich habe gesungen.«

»Erinnerst du dich denn nicht?«, sagte sie. »Du hast einfach ein Lied nach dem anderen hingelegt. Das ganze Lokal hörte dir zu. Alle waren hocherfreut. Du hast nur dauernd darauf bestanden, so ein Lied über irgendwelche eigenartigen Füsiliere zu singen, und alle mussten dich dauernd zum Schweigen bringen, und du hast dauernd versucht, wieder damit anzufangen. Du warst wunderbar. Wir haben alle versucht, dich zu überreden, mal eine Minute mit dem Singen aufzuhören und etwas zu dir zu nehmen, aber du wolltest partout nichts davon wissen. Was warst du lustig.«

»Habe ich denn nichts gegessen?«, sagte er.

»Ach, keinen Bissen«, sagte sie. »Jedes Mal, wenn der Kellner dir etwas anbot, hast du es ihm umgehend zurückgegeben, denn du hast gesagt, er sei dein verschollener Bruder, der in der Wiege von einer Zigeunerbande vertauscht worden ist, und dass alles, was dein sei, auch sein sei. Er wollte sich vor Lachen ausschütten.«

»Bestimmt«, sagte er. »Bestimmt war ich sehr ulkig. Ich muss ja der Liebling der Gesellschaft gewesen sein. Und was passierte dann, nach meinem überwältigenden Erfolg bei dem Kellner?«

»Nun, eigentlich nicht viel«, sagte sie. »Du hast nur eine gewisse Abneigung gegen einen alten Mann mit weißen Haaren gefasst, der auf der anderen Seite des Raumes saß, weil dir seine Krawatte nicht behagte und du ihm das sagen wolltest. Aber wir haben dich hinausgeschafft, bevor er richtig auf Touren kam.«

»Oh, das haben wir geschafft«, sagte er. »Konnte ich gehen?«

»Gehen? Aber natürlich«, sagte sie. »Du warst völlig okay. Allerdings war da diese tückische vereiste Stelle auf dem Bürgersteig, und da hast du dich ganz schön kräftig hingesetzt, mein armer Schatz. Du liebe Güte, das hätte doch jedem passieren können.«

»Na klar«, sagte er. »Louisa Alcott oder sonst jemandem. Ich bin also auf dem Bürgersteig hingefallen. Das würde erklären, weshalb mir mein … Ja. Ich verstehe. Und was dann, wenn es dir nichts ausmacht?«

»Also wirklich, Peter!«, sagte sie. »Du kannst doch nicht dasitzen und behaupten, dass du dich nicht mehr erinnerst, was danach passiert ist! Ich dachte zwar, du warst beim Essen vielleicht ein klein wenig beschwipst – oh – oh, du warst vollkommen okay und so, aber ich wusste, dass du ziemlich fröhlicher Stimmung warst. Aber du warst ja so ernst, nachdem du hingefallen bist – so kannte ich dich gar nicht. Weißt du nicht mehr, wie du zu mir gesagt hast, ich hätte noch nie dein wahres Ich gesehen? Oh, Peter, ich könnte es einfach nicht ertragen, wenn du dich nicht mehr an die herrliche lange Fahrt erinnern würdest, die wir miteinander in dem Taxi unternommen haben. Bitte, daran erinnerst du dich doch wohl?! Ich glaube, es würde mich einfach umbringen, wenn du das nicht mehr wüsstest.«

»O ja«, sagte er. »Fahrt im Taxi. O ja, sicher. Ziemlich lange Fahrt, was?«

»Immer und immer wieder um den ganzen Park herum«, sagte sie. »Ach, und wie die Bäume im Mondlicht geschimmert haben. Und du hast gesagt, du hättest bisher gar nicht gewusst, dass du wirklich eine Seele hast.«

»Ja«, sagte er. »Das habe ich gesagt. Das war typisch.«

»Du hast solch herrliche, herrliche Sachen gesagt«, sagte sie. »Und ich hatte die ganze Zeit überhaupt nicht geahnt, was du für mich empfindest, und ich hätte mich nie getraut, dich wissen zu lassen, was ich für dich empfinde. Und dann gestern Abend – oh, Peter, mein Liebchen, ich glaube, diese Taxifahrt war das Wichtigste, was uns im Leben je passiert ist.«

»Ja«, sagte er. »Das kann ich mir durchaus vorstellen.«

»Und wir werden zusammen so glücklich sein«, sagte sie. »Ach, ich würde es am liebsten allen erzählen! Aber ich weiß nicht – ich glaube, es wäre vielleicht viel netter, wenn wir es ganz für uns behalten würden.«

»Das glaube ich auch«, sagte er.

»Ist das nicht herrlich?«, sagte sie.

»Ja«, sagte er. »Großartig.«

»Herrlich!«, sagte sie.

»Hör mal«, sagte er, »hast du etwas dagegen, wenn ich mir einen Drink genehmige? Ich meine, nur so als Medizin, weißt du. Ich rühre das Zeug mein Lebtag nicht mehr an, verlass dich drauf. Aber ich glaube, dass ich gleich einen Schwächeanfall bekomme.«

»Ach, ich glaube, es würde dir guttun«, sagte sie. »Du armer Kerl, es ist ein Jammer, dass du dich so scheußlich fühlst. Ich werde dir einen Whisky mit Soda machen.«

»Offen gestanden«, sagte er, »begreife ich nicht, wieso du überhaupt noch mit mir sprechen kannst, nachdem ich mich wie ein Idiot benommen habe gestern Abend. Ich glaube, ich trete am besten in ein Kloster in Tibet ein.«

»Du närrischer Dummkopf, du!«, sagte sie. »Als ob ich dich jetzt jemals fortlassen könnte! Hör auf, so daherzureden. Du warst ganz prima.«

Sie sprang von der Couch auf, küsste ihn flüchtig auf die Stirn und lief aus dem Zimmer.

Der blasse junge Mann schaute ihr nach und schüttelte den Kopf lange und bedächtig, um ihn dann in seine feuchten und zitternden Hände sinken zu lassen.

»O Mann«, sagte er. »O Mann, o Mann, oh, Mann.«

EINE STARKE BLONDINE

(Big Blonde)

I

Hazel Morse war eine stattliche, strahlende Frau von der Sorte, die manche Männer, wenn sie das Wort »blond« in den Mund nehmen, dazu verleitet, mit der Zunge zu schnalzen und den Kopf neckisch schräg zu legen. Sie war sehr stolz auf ihre kleinen Füße und ertrug manches Leid für ihre Eitelkeit, indem sie sie in die kleinstmöglichen Schuhe mit sehr hohen Absätzen und sehr kurzen, abgerundeten Spitzen quetschte. Eigenartig waren ihre Hände, komische Endstücke von schlaffen, weißen, mit bleichen Sonnenflecken gesprenkelten Armen – lange, aufgeregte Hände mit fast bis um die Fingerspitzen herum gezüchteten, gebogenen Nägeln. Sie hätte sie nicht mit Juwelen verunzieren sollen.

Sie gehörte nicht zu den Frauen, die in Erinnerungen schwelgen. Mit Mitte dreißig sah sie ihre alten Tage als verschwommene, flackernde Sequenz, als einen unvollendeten Film über das Treiben fremder Leute.

In ihren Zwanzigern, nach dem lange hinausgezögerten Tod ihrer schleierhaft verwitweten Mutter, war Hazel in einem Kleidergroßhandel als Mannequin angestellt gewesen – damals war noch die starke Frau in Mode gewesen, und sie hatte noch eine blühende Farbe und eine aufrechte Haltung gehabt und stolz gereckte Brüste. Die Stelle war nicht sehr anstrengend, und sie lernte eine Menge Männer kennen und verbrachte mit ihnen eine Menge Abende, lachte über ihre Witze und lobte ihre todschicken Schlipse. Die Männer fanden sie fabelhaft, und für sie war es selbstverständlich wünschenswert, von Männern fabelhaft gefunden zu werden. Beliebt zu sein schien ihr all die Mühe wert, die dazu aufgewendet werden musste. Männer fanden einen fabelhaft, weil sie mit einem Spaß haben konnten, und wenn sie einen fabelhaft fanden, dann führten sie einen aus, und darauf kam's an. Und so war sie, und zwar mit Erfolg, für jeden Spaß zu haben. Sie war kein Spielverderber. Männer mochten keine Spielverderber.

Andere Formen des Zeitvertreibs, ob schlichtere oder anspruchsvollere, konnten ihre Aufmerksamkeit nicht erringen. Sie hatte nie darüber nachgedacht, ob sie sich nicht vielleicht mit anderem beschäftigen sollte. Ihre Vorstellung oder besser das, was sie gut fand, entsprach genau dem der anderen großzügig gebauten Blondinen, unter denen sie ihre Freundinnen fand.

Als sie in der Kleiderfirma ein paar Jahre gearbeitet hatte, lernte sie Herbie Morse kennen. Er war dünn, flink, attraktiv, hatte Falten über den glänzenden braunen Augen, die hin- und herzuckten, und die Angewohnheit, verbissen an der Haut um die Fingernägel herum zu kauen. Er trank im großen Stil; sie fand das unterhaltsam. Sie begrüßte ihn üblicherweise mit einer Bemerkung über seinen Zustand am vergangenen Abend.

»Na, du hattest vielleicht einen sitzen«, sagte sie meistens und lachte fröhlich wie immer. »Ich dachte, ich sterbe, wie du den Kellner dauernd gefragt hast, ob er mit dir tanzt.«

Sie fand ihn sofort fabelhaft, als sie ihn traf. Sie amüsierte sich köstlich über seine schnellen, genuschelten Sätze, die intelligent eingeschobenen Zitate aus Vaudeville-Stücken und Witzblattserien; sie bebte, wenn sie spürte, wie er seinen mageren Arm entschlossen unter ihren Jackenärmel schob; sie hatte Lust, die nasse Spiegelfläche seiner Haare anzufassen. Er fühlte sich ebenso prompt zu ihr hingezogen. Sie heirateten sechs Wochen nach ihrer ersten Begegnung.

Sie war hocherfreut über die Idee, eine Braut zu sein; kokettierte damit, profitierte davon. Sie hatte bereits früher Heiratsanträge bekommen, und nicht zu knapp, aber die waren zufallig immer von klobigen, bierernsten Männern, die als Einkäufer in die Kleiderfirma kamen; Männer aus Des Moines und Houston und Chicago und, wie sie es ausdrückte, noch viel komischeren Orten. Sie fand den Gedanken, irgendwo anders als in New York zu leben, schon immer enorm grotesk. Sie konnte doch Heiratsangebote mit Wohnsitz irgendwo im Westen nicht ernst nehmen.

Sie hatte Lust, verheiratet zu sein. Sie war jetzt fast dreißig, und sie steckte die Jahre nicht leicht weg. Sie ging auseinander und wurde weicher, und die nachdunkelnden Haare nötigten sie zum ungeschickten Hantieren mit Wasserstoffsuperoxyd. Es gab Zeiten, da bekam sie kleine Angstschauder wegen ihrer Stellen. Und sie hatte inzwischen ein paar tausend Abende mit ihren männlichen Bekannten verbracht und war kein Spielverderber gewesen. Allmählich war sie darin immer mehr beflissen und weniger spontan geworden.

Herbie verdiente genug, und sie nahmen eine kleine Wohnung weit oben in Manhattan. Das Esszimmer war in Spanisch-Kolonial, die Hängelampe in der Mitte hatte eine leberbraune Glaskuppel; im Wohnzimmer standen eine Polstergarnitur und ein Farn und hing eine Reproduktion von Henners »Magdalene« mit den roten Haaren und den blauen Gewändern; das Schlafzimmer war in Emailgrau und Altrosa, Herbies Foto stand auf Hazels Toilettentisch und das von Hazel auf Herbies Kommode.

Sie kochte – sehr gut sogar – und kaufte ein und schwatzte mit den Lieferburschen und der farbigen Waschfrau. Sie liebte die Wohnung, sie liebte ihr Leben, sie liebte Herbie. In den ersten Monaten ihrer Ehe schenkte sie ihm all die Leidenschaft, deren sie fähig war.

Sie hatte gar nicht gemerkt, wie müde sie war. Es war eine Wonne, ein neues Spiel, es war wie Ferien, endlich nicht mehr kein Spielverderber sein zu müssen. Wenn sie jetzt Kopfschmerzen hatte oder ihr die Füße wehtaten, jammerte sie herzzerreißend wie ein Baby. Wenn ihr jetzt nach Stille zumute war, schwieg sie. Wenn ihr jetzt Tränen in die Augen traten, ließ sie sie laufen.

Sie verfiel recht bald gewohnheitsmäßig auf Tränen während ihres ersten Ehejahrs. Sie war sogar in den Tagen, in denen sie kein Spielverderber sein durfte, bekannt für ihren gelegentlich verschwenderischen und gedankenlosen Umgang mit Tränen gewesen. Wie sie sich im Theater aufführte, war ein allgemein bekannter Witz. Sie konnte bei einem Stück über alles und jedes weinen – über Kinderkleidchen, die Liebe, ob unerwidert oder gegenseitig, über Verführung, Reinheit, treue Diener, Hochzeitsszenen, Dreiecksbeziehungen.

»Schaut euch die Hazel an«, sagten ihre Freunde und sahen zu. »Da legt sie wieder los.«

Aber jetzt, entspannt im Hafen der Ehe, ließ sie ihre Tränen frei laufen. Für sie, die so viel gelacht hatte, war Weinen köstlich. Alle Sorgen wurden zu ihren Sorgen; sie war die Besorgtheit in Person. Sie vergoss ausgiebig warme Tränen bei Artikeln über entführte Babys, sitzen gelassene Ehefrauen, arbeitslose Männer, streunende Katzen, heldenhafte Hunde. Auch wenn sie die Zeitung gar nicht mehr vor sich hatte, rumorte alles weiter in ihrem Gemüt, und die Tränen rollten schubweise über ihre Pausbacken.

»Ist doch wahr«, sagte sie zu Herbie, »so viel Trauriges gibt's auf der Welt, wenn man es mal bedenkt.«

»Tja«, sagte Herbie.

Sie vermisste niemanden. Die alte Clique, die Leute, die sie und Herbie zusammengebracht hatten, verschwanden nach anfänglichem Zögern aus ihrem Leben. Wenn sie überhaupt darüber nachdachte, fand sie es eigentlich nur richtig. So war die Ehe. Das war Frieden.

Nur, Herbie schmeckte das gar nicht.

Eine Zeit lang hatte er das Alleinsein mit ihr genossen. Er fand diese freiwillige Isolation neu und liebenswert. Dann wurde sie schlagartig schal. Es war, als wäre er an einem Abend, als er mit ihr in dem Wohnzimmer mit der Dampfheizung saß, noch wunschlos glücklich gewesen; und am nächsten Abend hatte er die ganze Angelegenheit gründlich satt.

Ihre melancholischen Dämmerzustände fingen an, ihn aufzuregen. Am Anfang hatte er sie, wenn er nach Hause kam und sie ermattet und verstimmt vorfand, auf den Nacken geküsst und ihre Schultern getätschelt und sie gebeten, ihrem Herbie doch ruhig zu sagen, was schiefgelaufen war. Sie liebte das. Aber die Zeit glitt davon, und er merkte, dass niemals wirklich, ganz persönlich, etwas los gewesen war.

»Ach, Herrgott noch mal«, sagte er. »Schon wieder Gemaule. Also schön, dann sitz du weiter hier rum, und maul dir das Hirn weg. Ich geh so lange aus.«

Und türknallend verließ er die Wohnung und kam erst spät und betrunken zurück.

Sie war völlig entgeistert, was mit ihrer Ehe passierte. Zuerst hatten sie sich doch geliebt, und jetzt waren sie, anscheinend übergangslos, Feinde. Sie verstand das nie.

Die Zeiträume zwischen seinem Weggehen aus dem Büro und seinem Eintreffen zu Hause wurden länger und länger. Sie durchlebte qualvolle Zustände, in denen sie sich ausmalte, wie er überfahren worden war und blutüberströmt und tot unter einer Plane lag. Dann verlor sie die Ängste um seine Sicherheit und wurde mürrisch und verletzt. Wenn jemand wirklich mit jemandem zusammen sein wollte, dann kam er doch so schnell wie möglich. Sie wünschte sich verzweifelt, er möge doch bei ihr sein wollen; ihre eigenen Stunden bemaßen nur noch die Zeit, bis er endlich nach Hause kam. Oft war es fast neun, wenn er zum Essen erschien. Und immer hatte er schon eine Menge Drinks intus, und wenn deren Wirkung allmählich nachließ, wurde er laut und querköpfig und suchte Vorwände für Streit.

Er sei zu nervös, sagte er, um den ganzen Abend mit Rumsitzen und Nichtstun zu verbringen. Er prahlte, aber wohl nicht ganz zu Recht, er habe nie im Leben ein Buch gelesen.

»Was soll ich hier eigentlich – den ganzen Abend stramm in der Bude hocken?«, fragte er pathetisch. Und dann knallte er wieder die Tür und war weg.

Sie wusste nicht, was sie tun sollte. Sie konnte nicht mit ihm klarkommen. Sie kam nicht zu ihm durch.

Sie fing an, gegen ihn zu wüten. Eine zornige Häuslichkeit hatte sie erfasst, und sie würde sie mit Zähnen und Klauen verteidigen. Sie wollte, wie sie es nannte, ein »schönes Zuhause«. Sie wollte einen nüchternen, liebevollen Mann, der rechtzeitig am Abendbrottisch saß und pünktlich bei der Arbeit war. Sie wollte nette, gemütliche Abende. Die Vorstellung vom Umgang mit anderen Männern war ihr ein Gräuel; der Gedanke, dass Herbie womöglich bei anderen Frauen Unterhaltung suchte, machte sie rasend.

Es kam ihr vor, als handelte alles, was sie las – Romane aus der Leihbuchabteilung vom Drugstore, Illustriertengeschichten, die Frauenseiten in den Zeitungen –, von Ehefrauen, die die Liebe ihrer Männer verloren hatten. So etwas konnte sie immerhin noch besser ertragen als Berichte über aufgeräumte, treu ergebene Ehen, glücklich bis ans Lebensende.

Sie geriet in Panik. Ein paar Mal fand Herbie sie, wenn er nach Hause kam, resolut in Schale geworfen – sie musste die Kleider, die schon etwas älter waren, ändern lassen, damit sie zugingen – und mit Rouge im Gesicht.

»Los, komm, wir machen uns eine wilde Nacht, was meinst du«, begrüßte sie ihn. »Man kann noch lange genug rumhängen und nichts tun, wenn man erst mal tot ist.«

Also gingen sie aus, in Esslokale mit Musik und die etwas preiswerteren Cabarets. Aber es endete immer böse. Sie fand es nicht mehr amüsant mitanzusehen, wie Herbie trank. Sie konnte nicht mehr lachen über seine Geistreicheleien, denn sie zählte verbissen mit, wie viel er verkonsumierte. Sie war nicht mehr imstande, ihre Vorhaltungen für sich zu behalten. »Ach, nun komm, Herb, du hast jetzt genug getankt, findest du nicht? Sonst geht's dir bloß dreckig morgen früh.«

Er fing sofort an zu toben. Na bitte, Gemaule; Gemaule, Gemaule, Gemaule, Gemaule war alles, was sie zu bieten hatte. Ein lausiger Spielverderber war sie! Es gab eine Szene, und einer von beiden stand auf und stampfte wutentbrannt hinaus.

Sie konnte sich nicht auf den Tag genau erinnern, wann sie selbst zu trinken anfing. Ihre Tage gingen gleichförmig dahin. Wie Tropfen an einer Fensterscheibe, so rollten sie ineinander und sickerten davon. Sie war sechs Monate verheiratet; dann ein Jahr; dann drei Jahre.

Früher hatte sie nie zu trinken brauchen. Sie hatte den größten Teil des Abends an einem Tisch, an dem alle anderen inbrünstig becherten, sitzen können, ohne an Aussehen oder Laune einzubüßen noch sich zu langweilen bei dem, was um sie herum vorging. Wenn sie auch mal einen Cocktail nahm, war das so ungewöhnlich, dass es mindestens zwanzig Minuten lang witzig kommentiert wurde. Aber jetzt saß der Schmerz in ihr drin. Nach einem Streit blieb Herbie häufig über Nacht weg, und sie konnte nie herausbekommen, wo er die Zeit verbracht hatte. Ihr Herz fühlte sich eng und wund an in der Brust, und ihr Kopf drehte sich wie ein elektrischer Ventilator.

Sie hasste den Geschmack von Schnaps. Von Gin, ob pur oder gemixt, wurde ihr augenblicklich schlecht. Nach ein paar Versuchen fand sie, dass Scotch Whisky ihr am besten bekam. Sie nahm ihn ohne Wasser, er wirkte dann am schnellsten.

Herbie drängte ihn ihr geradezu auf. Er war froh, dass sie trank. Sie hofften beide, es würde ihre sprudelnde Laune zurückbringen und sie würden wieder schöne Zeiten zusammen haben.

»Jawollja«, applaudierte er. »Zeig mal, wie du dir einen in die Birne haust, Puppe.«

Aber es brachte sie nicht näher zusammen. Wenn sie mit ihm trank, gab es eine kurze Zeit Fröhlichkeit, und dann gerieten sie in wilde Streitereien, die komischerweise keinen Anlass hatten. Am nächsten Morgen wachten sie auf und wussten nicht mehr so genau, worum es eigentlich gegangen war, hatten nebulöse Erinnerungen an das, was sie alles gesagt und getan hatten, waren aber beide zutiefst beleidigt und nahmen bitter übel. Es folgten Tage vergeltungsvollen Schweigens.

Es hatte einmal Zeiten gegeben, da hatten sie die Kräche wieder beilegen können, gewöhnlich im Bett. Dort hatte es Küsse und Kosenamen und Schwüre gegeben, noch einmal ganz neu anzufangen … »Oh, von jetzt an wird alles wunderbar, Herbie. Wir werden tolle Zeiten haben. Ich hab zu viel gemault. Ich muss wohl müde gewesen sein. Aber jetzt wird alles toll. Du wirst sehen.«

Inzwischen gab es keine zärtlichen Versöhnungen mehr. Auch freundschaftliche Beziehungen schafften sie nur noch während der kurzen großmütigen Phasen, die der Schnaps bewirkte, bevor noch mehr Schnaps sie in die nächste Schlacht riss. Die Szenen wurden immer gewalttätiger. Beschimpfungen wurden laut herausgeschrien, es gab Püffe und manchmal schallende Ohrfeigen. Einmal hatte sie ein blaues Auge. Herbie war am nächsten Tag gehörig erschrocken, wie sie aussah. Er ging nicht zur Arbeit; er scharwenzelte um sie herum und schlug Heilmethoden vor und häufte düstere Vorwürfe auf sich. Aber als sie erst wieder getrunken hatten – »um sich zusammenzureißen« –, spielte sie ständig so wehmütig auf ihren Bluterguss an, bis er sie anschrie und hinausstürmte und zwei Tage verschwunden blieb.

Jedes Mal wenn er die Wohnung in einem Wutanfall verließ, drohte er, nie wiederzukommen. Sie glaubte ihm nicht, noch erwog sie eine Trennung. Irgendwo in ihrem Kopf oder in ihrem Herzen war eine träge, nebelhafte Hoffnung, dass die Dinge sich ändern und sie und Herbie ganz plötzlich wieder ins wohlige Eheleben zurückfinden würden. Hier war doch ihr Zuhause, ihre Möbel, ihr Mann, ihr Halt. Sie zerbrach sich nicht den Kopf über andere Möglichkeiten.

Sie konnte jetzt nicht mehr schalten und walten. Sie hatte keine Tränen mehr übrig für andere; die heißen Tropfen, die sie vergoss, waren für sie selbst. Sie lief rastlos in den Zimmern herum, und ihre Gedanken kreisten mechanisch und ausschließlich um Herbie. In jenen Tagen begann der Hass auf das Alleinsein, den sie nie mehr überwinden sollte. Man konnte für sich sein, wenn alles in Ordnung war, aber wenn es einem dreckig ging, bekam man das heulende Elend.

Sie fing an, allein zu trinken, kleine, kurze Drinks über den ganzen Tag verteilt. Nur mit Herbie zusammen machte der Alkohol sie nervös und angriffslustig. Allein verwischte er ihr die scharfen Konturen von allem. Sie lebte in einem Nebel aus Sprit. Ihr Leben nahm traumartige Züge an. Nichts war mehr verwunderlich.

Eine Mrs. Martin zog in die gegenüberliegende Wohnung auf ihrer Etage. Sie war eine beeindruckende Blondine von vierzig und ließ das Alter, das Mrs. Morse noch bevorstand, schon durchblicken. Sie machten sich bekannt und wurden rasch unzertrennlich. Mrs. Morse verbrachte ihre Tage in der Wohnung gegenüber. Sie tranken gemeinsam, um sich wieder aufzurappeln nach den Drinks der vergangenen Nächte.

Sie vertraute Mrs. Martin ihren Kummer mit Herbie nie an. Das Thema war viel zu heikel, als dass Reden sie erleichtert hätte. Sie schürte die Vermutung, dass die Geschäfte ihren Mann oft von zu Hause fernhielten. Es hatte ohnehin keine Bedeutung; Ehemänner als solche spielten in Mrs. Martins Kreisen nur eine Schattenrolle.

Mrs. Martin hatte keinen sichtbaren Gatten; die Entscheidung, ob er vielleicht tot war, blieb einem selbst überlassen. Sie hatte einen Bewunderer, Joe, der sie fast jeden Abend besuchte. Oft brachte er ein paar Freunde mit – »die Jungs«. Die Jungs waren füllige Männer mit roten Gesichtern und viel Humor, vielleicht fünfundvierzig, vielleicht fünfzig. Mrs. Morse war froh, zu ihren Partys eingeladen zu werden – Herbie war jetzt abends kaum noch zu Hause. Kam er doch mal, ging sie eben nicht zu Mrs. Martin. Ein Abend mit Herbie bedeutete unweigerlich Streit, trotzdem blieb sie bei ihm. Noch immer hatte sie die schwache, unausgesprochene Vorstellung, dass sich vielleicht gerade an diesem Abend alles zum Guten wenden könnte.

Die Jungs hatten immer eine Menge Schnaps dabei, wenn sie Mrs. Martin besuchen kamen. Und wenn sie mit ihnen trank, wurde Mrs. Morse lebhaft und gutmütig und kühn. Sie war bald sehr beliebt. Wenn sie genug getrunken hatte, um ihre jüngste Schlacht mit Herbie im Nebel versinken zu lassen, nahm sie angeregt wahr, wie sehr man sie schätzte. Sie und Maulen? Sie und Spielverderber? Nun, es gab einige Leute, die sahen das anders.

Ed war einer von den Jungs. Er lebte in Utica – war »sein eigener Chef«, wie ehrfürchtig berichtet wurde –, kam aber fast jede Woche nach New York. Er war verheiratet. Er zeigte Mrs. Morse die gerade aktuellen Fotografien von seinem Junior und dessen Schwesterchen, und sie fand überschwängliche und aufrichtige lobende Worte. Bald war für die anderen klar, dass Ed ihr spezieller Freund war.

Er schenkte ihr den ersten Einsatz, wenn sie alle pokerten; saß dicht neben ihr und rieb gelegentlich während des Spiels sein Knie an ihrem. Sie hatte ziemlich viel Glück. Oft kam sie mit einer Zwanzig- oder Zehn-Dollar-Note oder einer Handvoll zerknüllter Dollarscheine nach Hause. Sie war froh darüber. Herbie wurde, wie sie es nannte, immer zickiger mit Geld. Ihn darum zu bitten beschwor sofort einen Krach herauf.

»Was zum Teufel machst du eigentlich damit?«, sagte er. »Spülst es wohl in Whisky weg, was?«

»Ich gebe mir Mühe, hier einen halbwegs netten Haushalt zu führen«, schoss sie zurück. »Auf die Idee bist du wohl noch gar nicht gekommen, was? O nein, von so was wird der Herr ja nicht behelligt.«

Und wieder konnte sie keinen bestimmten Tag nennen, an dem sie angefangen hatte, in Eds Besitz überzugehen. Er machte es sich zur Sitte, sie auf den Mund zu küssen, sowie er hereinkam, und desgleichen zum Abschied und gab ihr auch während des ganzen Abends flüchtige Anerkennungsküsschen. Sie mochte es, jedenfalls mehr, als sie es nicht mochte. Sie dachte nie an seine Küsse, wenn sie nicht bei ihm war.

Er ließ seine Hand auch verweilend über ihren Rücken und ihre Schultern gleiten.

»'ne scharfe Blondine, häh?«, sagte er. »'ne tolle Puppe.«

Eines Nachmittags kam sie von Mrs. Martin und fand Herbie im Schlafzimmer vor. Er war einige Nächte weg gewesen, offensichtlich auf einer ausgedehnten Zechtour. Er war grau im Gesicht, und seine Hände zuckten, als wären sie an Strom angeschlossen. Auf dem Bett lagen zwei alte Koffer, bis oben hin vollgepackt. Nur ihr Foto stand noch auf seiner Kommode, und die aufgerissenen Türen seines Wandschranks offenbarten nichts als Kleiderbügel.

»Ich zieh Leine«, sagte er. »Hab die ganze Schufterei satt. Kriege eine Stelle in Detroit.«

Sie setzte sich auf die Bettkante. Sie hatte die letzte Nacht eine Menge getrunken, und die vier Scotchs bei Mrs. Martin hatten sie nur noch mehr benebelt.

»Gute Sache?«, sagte sie.

»Och, ja«, sagte er. »Sieht ganz nett aus.«

Er machte einen Koffer zu, unter Mühen und leise vor sich hin fluchend.

»Da ist noch Kies auf der Bank«, sagte er. »Das Scheckbuch liegt in deiner obersten Schublade. Du kannst die Möbel und den anderen Kram behalten.«

Er sah sie an, und seine Stirn zuckte.

»Verdammt noch mal, ich hab die Schnauze voll, kann ich dir sagen«, schrie er. »Gestrichen voll.«

»Na schön, na schön«, sagte sie. »Ich kann dich schließlich hören, oder?«

Sie sah ihn an, als säße er an einem Ende einer Kanone und sie am anderen. Sie bekam dröhnende Kopfschmerzen, und ihre Stimme nahm einen düsteren, verschlafenen Klang an. Sie schaffte es nicht, fröhlicher zu klingen.

»Willst du noch einen trinken, bevor du gehst?«, fragte sie.

Wieder sah er sie an, und ein Mundwinkel zuckte nach oben.

»Mal wieder hackevoll zur Abwechslung, was?«, sagte er. »Wie nett. Klar, schenk uns einen ein, los.«

Sie ging zur Speisekammer, mixte für ihn einen steifen Highball, kippte sich selbst einen kräftigen Schluck Whisky ins Glas und trank es leer. Dann goß sie sich noch eine Portion ein und brachte die Gläser ins Schlafzimmer. Er hatte jetzt beide Koffer verschnürt und Hut und Mantel schon angezogen.

Er nahm seinen Highball.

»Na dann«, sagte er und stieß plötzlich ein unsicheres Lachen aus. »Dann Hals- und Beinbruch.«

»Hals- und Beinbruch«, sagte sie.

Sie tranken aus. Er stellte sein Glas ab und nahm die schweren Koffer hoch.

»Muss den Zug um sechs noch kriegen«, sagte er.

Sie brachte ihn in den Flur. Ein Lied, ein Lied, das Mrs. Martin hartnäckig auf dem Grammofon spielte, ging ihr laut durch den Kopf. Sie hatte es nie leiden können.

Bei Sonne und Mond
Immer Spiel und Spaß
Sag, hat sich's nicht gelohnt?

An der Tür stellte er die Koffer ab und sah ihr ins Gesicht.

»Also dann«, sagte er. »Also, pass auf dich auf. Du wirst's schon machen, was?«

»Und wie«, sagte sie.

Er öffnete die Tür, kam dann noch einmal zurück und streckte die Hand aus.

»Tschüs, Haze«, sagte er. »Viel Glück für dich.«

Sie nahm seine Hand und schüttelte sie.

»Den Seinen nimmt's der Herr im Schlaf«, sagte sie.

Als sich die Tür hinter ihm geschlossen hatte, ging sie zurück zur Speisekammer.

Sie war aufgekratzt und lebhaft, als sie abends zu Mrs. Martin kam. Die Jungs waren auch da. Mit Ed. Er war froh, in der Stadt zu sein, und er war durstig und laut und hatte einen Stapel Witze auf Lager. Aber sie nahm ihn eine Minute still beiseite.

»Herbie hat heute Leine gezogen«, sagte sie. »Geht in den Westen.«

»Ah ja?«, sagte er. Er sah sie an und spielte mit dem Füllhalter, der an seiner Westentasche klemmte.

»Denkst du, der ist für immer weg, was?«, fragte er.

»Ja«, sagte sie. »Ich weiß es. Ich weiß. Ja.«

»Bleibst du trotzdem gegenüber wohnen?«, sagte er. »Schon Pläne, was du machen willst?«

»Huh, ich weiß nicht«, sagte sie. »Ist mir auch ziemlich wurscht.«

»Na hör mal, so was sagt man aber nicht«, belehrte er sie. »Weißt du, was – du brauchst einen Schluck Whisky. Was sagst du dazu?«

»Hm, ja«, sagte sie. »Einfach pur.«

Sie gewann dreiundvierzig Dollar beim Pokern. Als das Spiel zu Ende war, brachte Ed sie zu ihrer Wohnung.

»Küsschen für mich übrig?«, fragte er.

Er riss sie in seine massigen Arme und küsste sie roh. Sie ließ alles über sich ergehen. Er hielt sie von sich weg und sah sie an.

»Bisschen weggetreten, Süße?«, fragte er ärgerlich. »Wirst mir doch nicht krank?«

»Ich?«, sagte sie. »Mir geht's toll.«

II

Als Ed am nächsten Morgen ging, nahm er ihr Foto mit. Er sagte, er wollte gern ein Foto von ihr, zum Angucken, oben in Utica. »Du kannst das auf der Kommode haben«, sagte sie.

Sie legte Herbies Foto in die Schublade, aus dem Blick. Als sie es einmal ansehen konnte, hätte sie es am liebsten zerrissen. Es gelang ihr ziemlich gut, ihre Gedanken nicht dauernd um ihn kreisen zu lassen. Whisky drosselte das Kreisen. Sie war fast friedlich in ihrem Nebelschleier.

Sie nahm die Beziehung mit Ed hin ohne

Fragen und ohne Begeisterung. Wenn er fort war, dachte sie selten wirklich an ihn. Er war gut zu ihr; er brachte ihr häufig Geschenke mit und zahlte regelmäßig Unterhalt. Sie konnte sogar etwas davon sparen. Sie plante zwar nie über den Tag hinaus, aber sie brauchte nicht viel, und Geld konnte man ebenso gut auf die Bank bringen, anstatt es herumliegen zu lassen.

Als der Mietvertrag für ihre Wohnung ablief, schlug Ed einen Umzug vor. Seine freundschaftlichen Beziehungen zu Mrs. Martin und Joe waren gespannt wegen einer Kontroverse beim Poker; eine Fehde lag in der Luft.

»Zum Teufel, lass uns hier raus«, sagte Ed. »Was du brauchst, ist 'ne Wohnung an der Grand Central Station. Ist leichter für mich.«

Also nahm sie eine kleine Wohnung in den Vierziger-Straßen. Ein farbiges Mädchen kam täglich zum Putzen und Kaffeekochen – sie hatte »den ganzen Haushaltskram satt«, sagte sie, und Ed, der seit zwanzig Jahren mit einer passionierten Hausfrau verheiratet war, bewunderte diese romantische Nutzlosigkeit und fühlte sich doppelt als Mann von Welt, indem er sie förderte.

Kaffee war alles, was sie zu sich nahm, bis sie abends essen ging, aber der Alkohol bewirkte, dass sie fett blieb. Die Prohibition, das war für sie lediglich Stoff für Witze. Man kam immer an alles ran, was man brauchte. Sie war nie auffallend betrunken und selten auch nur fast nüchtern. Es bedurfte eines immer größeren täglichen Quantums, damit sie ihren Nebelkopf behielt. War es zu klein, wurde sie ganz schmerzvolle Melancholie.

Ed führte sie bei Jimmy's ein. Es war sein Stolz, wie der aller Durchreisenden, die man glatt für Einheimische halten würde, dass er stets die allerneuesten kleinen Esskneipen in den unteren Etagen von schäbigen Mietshäusern kannte; Orte, an denen man, wenn man den Namen eines eingeführten Freundes fallen ließ, merkwürdigen Whisky und frischen Gin in sämtlichen Spielarten bekam. Jimmy's war die Lieblingskneipe seiner Bekannten.

Dort lernte Mrs. Morse, durch Ed, viele Männer und Frauen kennen und schloss rasch Freundschaften. Die Männer führten sie oft aus, wenn Ed in Utica war. Und er war stolz auf ihre Beliebtheit.

Sie gewöhnte sich an, allein zu Jimmy's zu gehen, wenn sie keine andere Verabredung hatte. Mit Sicherheit traf sie dort ein paar Leute, die sie kannte, und sie konnte sich zu ihnen setzen. Der Club war so recht für ihre Freunde, und zwar Männer wie Frauen.

Die Frauen bei Jimmy's sahen sich bemerkenswert ähnlich, und das war eigentlich seltsam, denn Zwiste, Umzüge und einträglichere Geschäfte anderswo sorgten für einen ständigen Wechsel in der Gruppe. Doch immer sahen die neuen Frauen genauso aus wie die abgelösten. Sie hatten alle eine schwere, starke Figur und breite Schultern und reichlich Busen und Gesichter aus dicken, weichen, lebhaft getönten Fleischschichten. Sie lachten laut und gern und bleckten dabei Zähne, die dunkel und glanzlos wie Steingutklumpen waren. Sie strahlten alle die Gesundheit der Beleibten aus, und dennoch hatten sie einen leicht kränklichen Anflug von beharrlicher Konservierung. Sie waren vielleicht sechsunddreißig oder fünfundvierzig oder alles dazwischen.

Ihre Titel setzten sie aus den eigenen Vornamen und den Nachnamen ihrer Ehemänner zusammen – Mrs. Florence Miller, Mrs. Vera Riley, Mrs. Lilian Block. Das suggerierte gleichzeitig die Festigkeit der Ehe und den Glanz der Freiheit. Aber nur eine oder zwei waren tatsächlich geschieden. Die meisten sprachen einfach nie über die verblassten Gatten; manche, die erst kurz getrennt lebten, beschrieben sie in Begriffen von großer biologischer Anschaulichkeit. Ein paar Frauen hatten Kinder, aber immer nur jeweils eins – einen Jungen, der irgendwo im Internat war, ein Mädchen, das von einer Großmutter gehütet wurde. Oft, wenn es schon zügig auf den Morgen zuging, wurden Kodak-Porträts und Tränen gezeigt.

Es waren behagliche Frauen, herzlich und freundlich und von einer unverwüstlichen Matronenhaftigkeit. Sie waren die Gelassenheit in Person. Ihrem Schicksal ergeben, vor allem bei Geldangelegenheiten, klagten sie nicht. Wann immer ihre Finanzen bedrohlich knapp wurden, tauchte ein neuer Spender auf; so war es immer gewesen. Jede hatte das Ziel, den einen einzigen Mann abzukriegen, den auf Dauer, der für sie die Rechnungen bezahlte und für den sie im Gegenzug sofort alle

Bewunderer aufgegeben hätte, den sie vermutlich sogar bald ungemein fabelhaft fände; denn ihre Zuneigungen waren mittlerweile anspruchslos und. geruhsam geworden und leicht zu bewerkstelligen. Letzteres allerdings wurde Jahr für Jahr schwieriger. Mrs. Morse hatte aller Meinung nach ausgesprochen Glück gehabt.

Für Ed war es ein erfolgreiches Jahr, er erhöhte ihren Unterhalt und schenkte ihr einen Seehundmantel. Aber sie musste auf ihre Stimmungen aufpassen, wenn er da war. Er bestand auf Fröhlichkeit. Er hörte gar nicht erst hin, wenn sie ihm mit Schmerzen oder düsterer Erschöpftheit kam.

»Du, hör mal zu«, sagte er dann, »ich hab meine eigenen Sorgen, und zwar nicht zu knapp. Kein Mensch will die Probleme von andern Leuten anhören, Schätzchen. Alles, was man von dir verlangt, ist, dass du kein Spielverderber bist und sie vergisst. Kapiert? Na komm, nun rück schon ein kleines Lächeln raus. So ist's brav.«

Sie hatte nie genug Anteilnahme, um sich mit ihm zu streiten wie mit Herbie, aber sie hätte auch gern das Recht auf offensichtliche Traurigkeit für sich in Anspruch genommen. Die anderen Frauen, die sie traf, brauchten ihre Launen nicht niederzukämpfen. Mrs. Florence Miller zum Beispiel bekam regelmäßig Heulkoller, und die Männer standen sofort Schlange, um sie aufzumuntern und zu trösten. Die anderen füllten ganze Abende mit schmerztriefenden Vorträgen über ihre Kümmernisse und Krankheiten; und ihre Begleiter äußerten stets tiefstes Mitgefühl. Aber sie machte sich sofort unerwünscht, wenn sie bedrückt war. Einmal, bei Jimmy's, hatte sie es nicht geschafft, wieder lebhaft zu werden, und Ed war einfach gegangen und hatte sie sitzen gelassen.

»Warum zum Teufel bleibst du nicht zu Hause, anstatt allen Leuten den Abend zu verderben?«, hatte er gepoltert.

Sogar die flüchtigsten Bekannten wirkten gereizt, wenn sie mal nicht demonstrativ leichten Herzens war.

»Was ist denn mit dir los?«, sagten sie dann. »Sei nicht kindisch, nein? Trink 'n Schluck, und reiß dich am Riemen.«

Als ihre Beziehung mit Ed drei Jahre gedauert hatte, zog er um nach Florida. Er verließ sie nur sehr ungern; er ließ ihr einen dicken Scheck und ein paar gesunde Aktien da, und seine bleichen Augen wurden beim Abschied feucht. Sie vermisste ihn nicht. Er kam nur noch selten nach New York, vielleicht ein-, zweimal pro Jahr, und immer gleich vom Zug zu ihr. Sie freute sich jedes Mal, wenn er kam, und es tat ihr nie leid, wenn er wieder ging.

Charley, einer von Eds Bekannten, den sie von Jimmy's kannte, hatte sie schon lange bewundert. Er hatte auch immer Gelegenheit gefunden, sie anzufassen und sich beim Reden dicht an sie zu lehnen. Er fragte ständig sämtliche Freunde, ob sie schon je eine Frau gehört hätten, die so wunderbar lachen konnte wie sie. Nach Eds Wegzug wurde Charley zur Hauptfigur ihres Lebens. Sie stufte ihn als »gar nicht übel« ein und sagte das auch laut. Mit Charley dauerte es fast ein Jahr; dann teilte sie ihre Zeit zwischen ihm und Sidney, ebenfalls Stammgast bei Jimmy's; und dann verschwand Charley ganz von der Bildfläche.

Sidney war ein kleiner, bunt gekleideter, gescheiter Jude. Mit ihm kam sie vielleicht am dichtesten an Zufriedenheit heran. Er amüsierte sie immer; sie brauchte sich nie zum Lachen zu zwingen.

Er bewunderte sie völlig. Ihre Weichheit und ihre Ausmaße fand er köstlich. Und er fand sie selbst großartig, das sagte er ihr oft, weil sie fröhlich und lebhaft war, sogar betrunken.

»Ich hatte mal 'ne Kleine«, sagte er, »die wollte ewig aus dem Fenster hüpfen, wenn sie einen in der Krone hatte. Jessas, nee«, fügte er gefühlvoll hinzu.

Dann heiratete Sidney eine reiche Braut mit Argusaugen, und dann kam Billy. Nein – nach Sidney kam zuerst Fred, dann Billy. In ihrer vernebelten Erinnerung wusste sie nie, wie viele Männer in ihr Leben getreten und daraus verschwunden waren. Es gab keine Überraschungen mehr. Sie empfand weder Schauer, wenn sie kamen, noch Trauer, wenn sie gingen. Sie schien immer noch jeden Mann anziehen zu können. Zwar war nie wieder einer so reich wie Ed, aber großzügig zu ihr waren sie alle, nach ihren Mitteln.

Einmal hörte sie Neuigkeiten von Herbie. Sie traf Mrs. Martin beim Essen bei Jimmy's, und die alte Freundschaft wurde stürmisch erneuert. Der Immer-noch-Bewunderer Joe hatte ihn während einer Geschäftsreise gesehen. Herbie hatte sich in Chicago niedergelassen, er sah prächtig aus, er lebte mit einer Frau zusammen – schien verrückt nach der zu sein. Mrs. Morse hatte an dem Tag kräftig getrunken. Sie nahm die Neuigkeit mit gedämpftem Interesse auf, wie jemand, der etwas über die Bettgeschichten von irgendwem anders hört, dessen Name ihm, nach kurzem Grübeln, bekannt vorkommt.

»Verdammt, das muss fast sieben Jahre her sein, seit ich ihn zuletzt gesehen hab«, kommentierte sie. »Huh, sieben Jahre.«

Mehr und mehr verloren ihre Tage an Eigenheit. Sie wusste nie, welches Datum oder welcher Wochentag gerade war.

»Mein Gott, das ist ein Jahr her!«, rief sie aus, wenn das Gespräch auf irgendein Ereignis kam.

Sie war die meiste Zeit müde. Müde und elend. Fast alles bot ihr Anlass, sich elend zu fühlen. Diese alten Pferde, die sie auf der Sixth Avenue sah – wie sie sich die Schienen entlangkämpften oder ausrutschten oder wie sie am Bordstein standen und die Köpfe so tief hängen ließen, dass sie auf einer Höhe mit den zerschundenen Knien waren. Sofort brachen ihr die tief unten aufgestauten Tränen aus den Augen, während sie schwankend versuchte, hinter ihren schmerzenden Füßen in den viel zu kurzen champagnerbeigen Stöckelschuhen herzukommen.

Der Gedanke an den Tod tauchte auf und blieb bei ihr und verlieh ihr eine Art dösiger Heiterkeit.

Es war kein bestimmter oder schockartiger Augenblick, als sie zum ersten Mal daran dachte, sich umzubringen; es kam ihr vor, als hätte sie die Idee immer schon gehabt. Sie stürzte sich jetzt auf alle Artikel über Selbsttötungen. Es gab eine regelrechte Freitodseuche – oder vielleicht suchte sie auch nur so gierig nach solchen Geschichten und stieß deshalb auf so viele. Darüber zu lesen gab ihr wieder Sicherheit; sie empfand behagliche Solidarität mit der großen Gemeinschaft der freiwillig Toten.

Sie schlief, dank Whisky, bis spät in den Nachmittag und blieb dann im Bett liegen, Flasche und Glas griffbereit, bis es Zeit wurde, sich anzuziehen und essen zu gehen. Allmählich entwickelte sie verwirrtes, leises Misstrauen gegen den Alkohol, wie gegen einen Freund, der einem einen Gefallen einfach nicht tun will. Whisky hielt sie noch immer die meiste Zeit ruhig, aber es gab inzwischen plötzliche, unerklärliche Augenblicke, in denen die Nebelwolke wie im Verrat von ihr abfiel und die Sorge und die Verworrenheit und die Plage allen Lebens an ihr sägten. Wollüstig spielte sie mit dem Gedanken an einen ruhigen, schlafartigen Rückzug. Religiöser Glaube hatte sie nie belästigt, und keine Vision des Lebens nach dem Tode schreckte sie ab. Sie träumte am helllichten Tag davon, nie wieder enge Schuhe anziehen zu müssen, nie wieder lachen und zuhören und bewundern zu müssen, nie wieder kein Spielverderber zu sein. Nie wieder.

Aber wie stellt man das an? Ihr wurde schon bei dem Gedanken an Sprünge aus großen Höhen übel. Sie konnte Pistolen nicht ausstehen. Im Theater hielt sie sich immer, sobald auf der Bühne jemand eine Pistole zog, die Ohren zu und traute sich nicht mehr hinzusehen, bis der Schuss endlich gefallen war. Gas gab es nicht in ihrer Wohnung. Sie betrachtete eingehend die schönen blauen Venen an ihren schmalen Handgelenken – ein Schnitt mit einer Rasierklinge, und damit hätte sich's. Aber es würde wehtun, höllisch wehtun, und sie würde Blut sehen müssen. Gift – irgendwas Geschmackloses und Schnelles und Schmerzloses –, das war es. Aber das bekam man nicht im Drugstore, wegen der Gesetze.

Sie dachte nur noch an wenig anderes.

Es gab inzwischen einen neuen Mann – Art. Er war klein und fett und anspruchsvoll und stellte ihre Geduld auf eine harte Probe, wenn er betrunken war. Aber vor ihm hatte es eine Zeit lang nur Gelegenheitsaffären gegeben, und ein bisschen Stabilität war ihr willkommen. Außerdem musste Art wochenlang weg, Seide verkaufen, und das war sehr erholsam. Sie war einnehmend fröhlich mit ihm zusammen, obwohl ihr die Anstrengung zusetzte.

»Absolut kein Spielverderber«, brummelte er tief unten an ihrem Nacken. »Mit dir kann man Pferde stehlen.«

Eines Abends, als er sie zu Jimmy's ausgeführt hatte, ging sie mit Mrs. Florence Miller auf die Toilette. Dort tauschten sie, während sie sich die gekräuselten Münder mit Rouge nachzogen, ihre Erfahrungen in Sachen Schlaflosigkeit aus.

»Also wirklich«, sagte Mrs. Morse, »ich würde kein Auge zutun, wenn ich nicht voll Scotch ins Bett ginge. Ich liege nur rum und wälze mich hin und her. Das reine Elend! Das ist das reine Elend, so wach zu liegen!«

»Sag mal, hör mal, Hazel«, sagte Mrs. Miller resolut, »ich sage dir, ich würde ein geschlagenes Jahr wach liegen, wenn ich kein Veronal hätte. Von dem Zeug schläfst du wie ein Idiot.«

»Ist das nicht Gift oder so was?«, fragte Mrs. Morse.

»Oh, nimm zu viel davon, und sie zählen dich aus«, sagte Mrs. Miller. »Ich nehme immer nur dreißig Milligramm – das gibt's als Tabletten. Ich hätte Schiss, Dummheiten damit zu machen. Aber dreißig Milligramm, davon sackst du richtig schön weg.«

»Kriegt man das irgendwo?«, Mrs. Morse fühlte sich herrlich machiavellianisch.

»Kriegst doch alles, was du brauchst, in New Jersey«, sagte Mrs. Miller. »Hier geben sie's einem ja nicht ohne Rezept. Fertig? Wir sollten mal wieder reingehen und nachsehen, was die Jungs so treiben.«

An jenem Abend brachte Art Mrs. Morse nur bis zur Wohnungstür; seine Mutter war in der Stadt. Mrs. Morse war noch nüchtern, und ausgerechnet jetzt war kein Whisky mehr in ihrem Schrank. Sie lag im Bett und starrte nach oben an die Decke.

Sie stand für ihre Verhältnisse früh auf und fuhr nach New Jersey. Sie war nie mit der Untergrundbahn gefahren und kannte sich damit nicht aus. Deshalb fuhr sie zur Pennsylvania Station und löste einen Eisenbahnfahrschein nach Newark. Sie dachte während der Fahrt an nichts Bestimmtes. Sie betrachtete die einfallslosen Hüte der Frauen um sich herum und starrte durch das verschmierte Fenster auf die flache, sandige Landschaft.

In Newark verlangte sie im ersten Drugstore, an dem sie vorbeikam, eine Dose Körperpuder, eine Nagelbürste und eine Schachtel Veronal-Tabletten. Puder und Bürste sollten dem Schlafmittel den Anschein von etwas zufällig Benötigtem geben. Der Verkäufer war völlig gleichgültig. »Wir haben nur Fläschchen«, sagte er und packte ihr ein Glasröhrchen mit übereinandergestapelten weißen Tabletten ein.

Sie ging in eine zweite Drogerie und kaufte einen Waschlappen fürs Gesicht, ein Orangenholzstäbchen für die Nagelhaut und ein Röhrchen Veronal-Tabletten. Der Verkäufer nahm ebenso wenig Notiz.

»Na dann, jetzt hab ich wohl genug, um einen Ochsen umzubringen«, dachte sie und ging zurück zum Bahnhof.

Zu Hause legte sie die Röhrchen in die Schublade ihres Toilettentischs und stand davor und sah sie verträumt-liebevoll an.

»Da liegen sie, Gott segne sie«, sagte sie, küsste ihre Fingerspitzen und tippte damit auf jedes Röhrchen.

Das farbige Mädchen war im Wohnzimmer beschäftigt.

»Tag, Nettie«, rief Mrs. Morse. »Seien Sie ein Engel, ja? Laufen Sie eben rüber zu Jimmy's, und holen Sie mir eine Literflasche Scotch.«

Sie summte, während sie wartete, dass das Mädchen zurückkam.

In den nächsten paar Tagen tat der Whisky ihr wieder so liebevoll seine Dienste wie damals, als sie zuerst Zuflucht zu ihm genommen hatte. Allein war sie gedämpft und vernebelt, bei Jimmy's war sie die Fröhlichste von allen. Art fand sie köstlich.

Dann, eines Abends, war sie mit Art zu einem vorgezogenen Essen bei Jimmy's verabredet. Er musste gleich danach auf Geschäftsreise und würde eine Woche wegbleiben. Mrs. Morse hatte den ganzen Nachmittag getrunken; während sie sich zum Ausgehen anzog, spürte sie, wie sich ihre verdöste Stimmung angenehm hob. Aber kaum trat sie auf die Straße, war die Wirkung des Whiskys schlagartig hin, und sie wurde von einer zähen, zermürbenden Erbärmlichkeit beschlichen, die so entsetzlich war, dass sie schwankend auf dem Bürgersteig stehen bleiben musste und keinen Schritt vorwärtskam. Es war eine graue

Nacht mit hinterhältigen, dünnen Schneewehen, und die Straßen glänzten dunkel vom Eis. Als sie langsam die 6th Avenue überquerte, vorsichtig einen Fuß hinter dem anderen herschleifend, ging ein dickes, narbiges Pferd, das eine brüchige Expresskutsche zog, krachend vor ihr in die Knie. Der Kutscher fluchte und brüllte und peitschte wie wahnsinnig auf das Tier ein und holte bei jedem Schlag von hinter der Schulter aus, während das Pferd sich abstrampelte, um auf dem glitschigen Asphalt wieder Fuß zu fassen. Die Leute strömten zusammen und sahen neugierig zu.

Art wartete bereits, als Mrs. Morse bei Jimmy's eintraf.

»Was ist denn mit dir los, um Gottes willen?«, war seine Begrüßung.

»Ich hab ein Pferd gesehen«, sagte sie. »Huh, ich – man hat ja noch Mitleid mit Pferden. Ich – es sind ja nicht bloß Pferde. Alles ist irgendwie grauenhaft, nicht? Ich kann mir nicht helfen, ich bin am Boden.«

»Ah, am Boden, kuck mal an«, sagte er. »Was soll dieses Gemecker eigentlich? Was hast du überhaupt am Boden verloren?«

»Ich kann nicht anders«, sagte sie.

»Ah, sie kann nicht anders, kuck mal an«, sagte er. »Reiß dich gefälligst zusammen, ja? Komm, setz dich hin, und zieh dir 'n anderes Gesicht an.«

Sie trank beflissen und gab sich redlich Mühe, aber sie kam über ihre Melancholie nicht hinweg. Andere Leute setzten sich zu ihnen und ließen sich über ihren Trübsinn aus, und sie konnte ihnen nicht mehr anbieten als ein schwaches Lächeln. Sie tupfte verstohlen mit dem Taschentuch an den Augen herum und versuchte, immer Augenblicke abzupassen, in denen es niemand sah, aber Art erwischte sie ein paarmal und warf ihr drohende Blicke zu und rutschte auf seinem Stuhl hin und her.

Als es Zeit für seinen Zug war, sagte sie, sie gehe auch, und zwar nach Hause.

»Gar keine schlechte Idee«, sagte er. »Sieh zu, dass du dir das wegschläfst. Ich seh dich Donnerstag. Um Gottes willen, mach, dass du bis dahin wieder fröhlich bist, ja?«

»Ja«, sagte sie. »Bin ich.«

Im Schlafzimmer zog sie sich angespannt hastig aus, nicht mit den sonstigen langsamen unsicheren Bewegungen. Sie zog ihr Nachthemd an, nahm das Haarnetz ab und fuhr sich kurz mit dem Kamm durch die spröden, vielfarbigen Haare. Dann nahm sie die beiden Röhrchen aus der Schublade und trug sie ins Badezimmer. Das splitternde Elend war von ihr gewichen, und jetzt verspürte sie die schnelle Erregung von jemandem, der gleich ein erhofftes Geschenk bekommt.

Sie nahm die Korken von den Röhrchen, füllte ein Glas mit Wasser und stand mit einer Tablette zwischen den Fingern vor dem Spiegel. Plötzlich machte sie eine anmutige Verbeugung vor ihrem Spiegelbild und hob das Glas.

»Na dann, Hals- und Beinbruch«, sagte sie.

Die Tabletten waren unangenehm zu schlucken und trocken und staubig und blieben widerspenstig auf halbem Weg im Hals stecken. Sie brauchte sehr lange, bis sie alle zwanzig runter hatte. Sie stand da und musterte ihr Spiegelbild mit tiefem, unpersönlichem Interesse und studierte die würgenden Bewegungen an ihrer Gurgel. Wieder sprach sie laut.

»Um Gottes willen, mach, dass du bis Donnerstag wieder fröhlich bist, ja?«, sagte sie. »Na, du weißt, was der mich kann. Der und die ganze Bagage.«

Sie hatte keine Ahnung, wie schnell Veronal wirken sollte. Als sie die letzte Tablette geschluckt hatte, stand sie unsicher da und fragte sich, noch immer mit höflichem, entrücktem Interesse, ob der Tod sie wohl auf der Stelle ereilte. Sie fühlte sich überhaupt nicht eigenartig, abgesehen von den leichten Übelkeitsschüben wegen des anstrengenden Schluckens, auch ihr Gesicht im Spiegel sah gar nicht verändert aus. Also passierte es nicht sofort; es dauerte womöglich noch eine Stunde oder so.

Sie reckte die Arme und gähnte ausgiebig.

»Geh jetzt, glaub ich, mal ins Bett«, sagte sie. »Huh, bin ich todmüde.«

Das fand sie urkomisch, und dann drehte sie das Badezimmerlicht aus und ging sich hinlegen, und die ganze Zeit gluckste sie vergnügt vor sich hin.

»Huh, bin todmüde«, zitierte sie. »Und der Satz ist zum Totlachen!«

III

Nettie, das farbige Mädchen, kam spät am nächsten Nachmittag, um die Wohnung zu putzen, und fand Mrs. Morse im Bett. Aber das war nichts Ungewöhnliches. Normalerweise wurde sie allerdings von den Putzgeräuschen wach, und wach wurde sie gar nicht gern. Nettie war ein rücksichtsvolles Mädchen und hatte gelernt, leise umzugehen.

Aber nachdem sie mit dem Wohnzimmer fertig war und sich ins Schlafzimmer geschlichen hatte, um auch da aufzuräumen, konnte sie, als sie die Sachen auf dem Toilettentisch wieder richtig hinstellen wollte, ein kurzes Klappern nicht verhindern. Instinktiv warf sie einen Blick über die Schulter auf die Schlafende, und ein ungesund-flaues Gefühl kroch ohne Vorwarnung über sie. Sie ging zum Bett und starrte hinunter auf die Frau, die da lag.

Mrs. Morse lag auf dem Rücken, einen schlaffen weißen Arm nach oben geworfen, den Puls auf der Stirn. Die struppigen Haare hingen in Strähnen über ihr Gesicht. Die Bettdecke war zurückgeschlagen und legte eine ganze Menge weichen Hals und ein rosa Nachthemd bloß, dessen Stoff vom vielen Waschen ungleichmäßig mürbe geworden war; die großen Brüste hatten sich aus dem Halter gelöst und waren in die Achselhöhlen gerutscht. Hin und wieder gab sie rasselnde Schnarchlaute von sich, und aus der einen Ecke ihres offenen Mundes bis zur verschwommenen Rundung ihres Kiefers verlief eine Spur aus verkrusteter Spucke.

»Mis' Morse«, rief Nettie. »Oh, Mis' Morse! Schon gottweißwie spät.«

Mrs. Morse rührte sich nicht.

»Mis' Morse«, sagte Nettie. »Hörn Sie, Mis' Morse. Wie soll ich'n hier Betten machen?«

Panik sprang das Mädchen an. Sie schüttelte die heiße Schulter der Frau.

»Sie, aufwachn, los«, wimmerte sie. »Sie, bitte, wachn Sie doch ma auf.«

Plötzlich drehte das Mädchen sich um und rannte ins Treppenhaus zur Fahrstuhltür; sie presste den Daumen fest auf den glänzenden schwarzen Knopf, bis der altertümliche Fahrstuhl mitsamt dem schwarzen Liftboy vor ihr stand. Sie übergoss den Jungen mit einem

Wortschwall und zog ihn in die Wohnung zurück. Er ging zwar auf Zehenspitzen, aber knarrend, zu dem Bett; zuerst behutsam und dann so eifrig, dass er Abdrücke in dem weißen Fleisch hinterließ, rüttelte er die bewusstlose Frau.

»Heh, Sie!«, schrie er und lauschte angestrengt auf ein Echo.

»Jesses. Ausgepustet wie ne Kerze«, war sein Kommentar.

Angesichts seines Interesses für die spektakuläre Angelegenheit schwand Netties Panik. Beide kamen sich sehr wichtig vor. Sie flüsterten hektisch in abgebrochenen Sätzen, und dann schlug der Liftboy vor, den jungen Arzt zu holen, der im Erdgeschoss wohnte. Nettie lief hinter ihm her. Sie freuten sich beide auf den Augenblick, wenn sie im Rampenlicht stehen und mit ihrer Meldung über diese gruselige Sache, über diesen angenehm unangenehmen Vorfall herausplatzen würden. Mrs. Morse war der Zugang zu einem Drama geworden. Nicht dass sie ihr Böses wünschten, sie hofften bloß, dass ihr Zustand auch wirklich ernst war und dass sie sie nicht hängenließ und bei der Rückkehr munter und normal war. Eine leichte Angst davor spornte sie an, gegenüber dem Arzt das Letzte aus ihrer gegenwärtigen Lage herauszuholen. »Geht um Leben und Tod«, fiel Nettie aus ihrem schmalen Lesefundus ein. Sie erwog, den Arzt damit aufzurütteln.

Der Arzt war zu Hause und nicht gerade erfreut über die Störung. Er lag in einem blau-gelb gestreiften Hausmantel auf dem Sofa und lachte mit einer dunkelhaarigen Schönheit, von deren Gesicht etwas billiger Puder abblätterte und die auf einem Arm lehnte. Halb leere Highball-Gläser standen daneben, und Hut und Mantel von ihr waren ordentlich aufgehängt worden in der offensichtlichen Erwartung eines langen Aufenthalts. »Immer ist irgendwas los«, brummte der Arzt. »Können einen einfach nicht in Ruhe lassen nach einem harten Arbeitstag.« Aber er warf ein paar Flaschen und Instrumente in einen Koffer, vertauschte seinen Hausmantel gegen sein Jackett und zog mit den beiden Schwarzen los.

»Mach voran, du großer Junge«, rief die Schönheit hinter ihm her. »Und bleib nicht die ganze Nacht.«

Der Arzt stampfte in Mrs. Morses Wohnung und sofort ins Schlafzimmer, Nettie und der Liftboy hinterdrein. Mrs. Morse hatte sich nicht gerührt; sie schlief noch genauso tief, aber inzwischen geräuschlos. Der Arzt sah sie scharf an, dann legte er seine Daumen in die Kuhlen über ihren Augäpfeln und drückte mit seinem ganzen Gewicht drauf. Ein hoher angewiderter Schrei brach aus Nettie hervor.

»Sieht aus, als wollt er die gleich durch die Matratze quetschen«, sagte der Liftboy. Er gluckste.

Mrs. Morse gab auch unter diesem Druck kein Lebenszeichen. Abrupt ließ der Arzt ab und riss mit einer schnellen Bewegung die Bettdecke bis ans Fußende. Mit der nächsten warf er ihr Nachthemd zurück und hob die dicken, weißen, mit winzigen irisfarbenen Venen schraffierten Beine an. Er kniff ein paarmal lange und grausam in ihre Kniekehlen. Sie wurde nicht wach.

»Was hat sie getrunken?«, fragte er Nettie über die Schulter.

Mit der gewissen Schnelligkeit, die jemand hat, der genau weiß, wo man etwas anpacken muss, ging Nettie ins Badezimmer und schnurstracks auf den Schrank zu, in dem Mrs. Morse ihren Whisky aufbewahrte. Aber sie blieb sofort stehen, als sie die beiden Röhrchen mit den roten und weißen Etiketten vor dem Spiegel liegen sah. Sie brachte sie dem Arzt.

»Ach, du grundgütiger allmächtiger Strohsack!«, sagte er. Er ließ Mrs. Morses Beine los und stieß sie ungeduldig quer über das Bett. »Was hat sie denn mit dem Quatsch vorgehabt? Ein mieser feiger Trick ist das, sonst gar nichts. Jetzt dürfen wir ihr den Magen auspumpen und die ganze Chose. Eine Landplage ist das, und weiter nichts. Los, George, fahr mich runter. Du wartest hier, Mädchen. Die beißt nicht.«

»Sie stirbt mir doch nicht weg, nicht?«, schrie Nettie.

»Nee«, sagte der Arzt. »Gott, nee. Die kriegst du nicht mal mit einer Axt tot.«

IV

Zwei Tage später kam Mrs. Morse wieder zu Bewusstsein, zuerst noch etwas benommen, aber dann so klarsichtig, dass auch die allmähliche, durchdringende Erbärmlichkeit wieder zum Vorschein kam.

»Mein Gott, mein Gott«, stöhnte sie, und Tränen über sich selbst und das ganze Leben rannen ihr über die Wangen.

Nettie kam wegen des Geräuschs ins Zimmer. Zwei Tage lang hatte sie die endlosen, hässlichen Pflichten erfüllt, mit denen man Bewusstlose pflegt, zwei Nächte lang hatte sie nur Bruchstückchen von Schlaf auf der Wohnzimmercouch bekommen. Sie warf einen kalten Blick auf die dicke, aufgedunsene Frau im Bett.

»Was hahm Sie denn vorgehabt, Mis' Morse?«, sagte sie. »Was solln das geben, das ganze Zeuch schlucken?«

»Mein Gott«, stöhnte Mrs. Morse noch einmal und versuchte, ihre Augen mit den Armen zu bedecken. Aber die Gelenke fühlten sich steif und brüchig an, und sie schrie vor Schmerz auf.

»Kann man doch nich machn, so Pillen schlucken«, sagte Nettie. »Sie können Ihrm guten Stern danken, dass sie überhaupt noch da sind. Wie fühln sich denn jetzt?«

»Oh, fabelhaft«, sagte Mrs. Morse. »Toll fühl ich mich.«

Die heißen, brennenden Tränen liefen, als wollten sie nie mehr aufhören.

»Kann man doch nich machn, immer nur weinen«, sagte Nettie. »Nach dem, was Sie gemacht hahm. Der Doktor sagt, er hätt Sie dafür einsperren lassn könn. Is hier rumgesprungen wie'n Zinshahn.«

»Warum hat er mich nicht in Ruhe gelassen?«, jammerte Mrs. Morse. »Warum zum Teufel hat er das nicht?«

»Das ja furchbah, Mis' Morse, so schimpfen und reden«, sagte Nettie. »Wo die Leute alles für Sie gemacht hahm. Hier, ich hab zwei Nächte kein Auge zugetan, zu meinen andern Damen bin ich auch nicht gekomm!«

»Oh, das tut mir leid, Nettie«, sagte sie. »Sie sind ein Goldstück. Es tut mir leid, dass ich Ihnen so viel Kummer gemacht habe. Ich konnte nicht mehr. Ich war einfach am Boden. Haben Sie nie das Gefühl, jetzt mach ich Schluss? Wenn einem einfach alles nur noch lausig vorkommt?«

»Würd ich nie dran denkn«, erklärte Nettie. »Sie müssn wieder fröhlich wem. Das müssen Sie. Probleme hahmse alle.«

»Ja«, sagte Mrs. Morse. »Ich weiß.«

»Da is ne hübsche Karte gekomm«, sagte Nettie. »Vielleicht wern Se ja davon wieder munter.«

Sie gab Mrs. Morse eine Postkarte. Mrs. Morse musste sich eine Hand über ein Auge halten, um sie zu entziffern; ihre Augen stellten die Brennweite noch nicht wieder richtig ein.

Die Karte war von Art. Auf der Rückseite eines Fotos vom Detroiter Athletic Club hatte er geschrieben: »Grüße und Glückwünsche. Hoffe, die schlechte Laune ist weg. Sei fröhlich und halt die Ohren steif. Bis Donnerstag.«

Sie ließ die Karte zu Boden fallen. Das Elend brach über ihr zusammen, wie wenn sie zwischen zwei dicken weichen Steinen klemmte. Vor ihr zog eine schleppende, schleppende Prozession von Tagen vorbei, Tage, die sie in ihrer Wohnung und im Liegen verbracht hatte, Abende bei Jimmy's, an denen sie kein Spielverderber gewesen war, an denen sie sich das Lachen abgerungen hatte, das Gurren vor diesem und all den anderen Arts; sie sah eine lange Parade von erschöpften Pferden und bibbernden Bettlern und lauter taumelnden, verprügelten und vorwärtsgetriebenen Sachen. Ihre Füße brannten, als klemmten sie in den viel zu kurzen champagnerbeigen Stöckelschuhen. Ihr Herz schien immer geschwollener und härter zu werden.

»Nettie«, schrie sie. »Um Himmels willen, gießen Sie mir einen ein, ja?«

Das Mädchen schien Zweifel zu haben.

»Aber Sie wissen doch, Mis' Morse«, sagte sie, »Sie warn ja schon fast tot. Ich weiß gahnich, ob der Dokter, der lässt Sie doch jetz nix trinken.«

»Ach, lassen Sie den mal weg«, sagte sie. »Holen Sie mir was zu trinken, und bringen Sie die Flasche mit. Nehmen Sie sich auch einen.«

»Na ja«, sagte Nettie.

Sie schenkte für beide ein, ließ ihr Glas aber respektvoll im Badezimmer stehen, für später, und für sich allein, und brachte Mrs. Morse den Drink ans Bett.

Mrs. Morse sah in den Whisky und zuckte zurück vor dem Geruch. Vielleicht half er ja. Vielleicht riss einen, wenn man tagelang auf dem Trockendock gelegen hatte, der allererste Drink ja wieder hoch. Vielleicht wurde er ja wieder ihr Freund. Sie betete, ohne einen Gott anzusprechen, ohne einen Gott zu kennen. O bitte, bitte, er soll machen, dass sie wieder betrunken werden kann, er soll machen, dass sie immer betrunken bleibt.

Sie hob das Glas.

»Danke, Nettie«, sagte sie. »Und Hals- und Beinbruch.«

Das Mädchen kicherte. »So is recht, Mis' Morse«, sagte sie. »Jetzt wern Sie wieder munter.«

»Jawoll«, sagte Mrs. Morse. »Klar.«

NUR EIN KLEINES …

(Just a Little One)

Gefällt mir hier, Fred. Wirklich nett hier. Wie hast du denn die aufgetan? Ich finde dich einfach herrlich – entdeckst eine neue Flüsterkneipe, im Jahre 1928. Und die lassen dich einfach so rein, ohne eine einzige Frage. Wetten, dass du sogar in die U-Bahn kämst ohne irgendwelche Empfehlung, was, Fred?

Ah ja, gefällt mir immer besser hier, je mehr sich meine Augen daran gewöhnen. Aber lass dir nicht erzählen, diese Beleuchtung wäre ihre Idee, Fred; die haben sie aus dem *Mammoth Cave*. Das bist du doch, was hier neben mir sitzt, nicht, Fred? Na, mich kannst du nicht zum Narren halten. Das Knie erkenn ich überall.

Weißt du, was mir an dieser Kneipe gefällt? Sie hat Atmosphäre. Die hat sie. Wenn du den Kellner fragen könntest, ob er mal ein ordentlich scharfes Messer hat, dann könnte ich mir ein hübsches Scheibchen abschneiden von dieser Atmosphäre und mit nach Hause nehmen. Wär doch was für mein Erinnerungsalbum. Ich lege nämlich ab morgen ein Erinnerungsalbum an. Darf ich nicht vergessen.

Was denn? Ich weiß nicht, Fred – was nimmst du denn? Dann möchte ich, glaube ich, auch einen Highball; aber bitte nur ein kleines Schlückchen. Ist das richtiger Scotch? Also, das ist eine ganz neue Erfahrung für mich. Du solltest mal sehen, was für Scotch ich zu Hause im Schrank stehen habe; heute Morgen stand er jedenfalls noch da – aber vermutlich hat er inzwischen schon die Flasche weggeätzt. Ich hab ihn zum Geburtstag geschenkt gekriegt. Na, das war doch mal was. Das Einzige, was ich zum vorletzten Geburtstag geschenkt gekriegt habe, war noch ein Jahr drauf.

Das ist ja ein toller Highball, was? Tja, ja, ja, das muss man sich mal vorstellen, ich und richtiger Scotch; jetzt sitz auch ich endlich nicht mehr auf der Ersatzbank. Nimmst du denn noch einen? Also, ich würde ungern zusehen, wie du allein vor dich hin trinkst, Fred.

Einsame Säufer stellen die Hälfte der Verbrecher in diesem Land. Daran scheitert nämlich die ganze Prohibition. Aber bitte, Fred, sag ihm, für mich nur ein kleines Glas. Er soll ihn bloß nicht so stark machen; einfach Spitzen-Scotch.

Bin ganz gespannt, wie echter Whisky wirkt, wenn man nur die schlichteren Formen des Amüsements gewohnt war. Es wird dir gefallen, Fred. Du bleibst doch bei mir, wenn irgendwas passiert, nicht? Ich glaube nicht, dass es dramatisch wird, aber um eins möchte ich dich bitten, nur für den Fall. Pass auf, dass ich keine Pferde mit nach Hause nehme. Streunende Hunde und kleine Katzen sind nicht so schlimm, aber die Liftboys schnappen immer so ein, wenn man ein Pferd mitbringt. Das könntest du allmählich mitgekriegt haben, Fred. Man merkt auch immer, dass es gleich knallt, wenn ich anfange, zärtliche Gefühle für Unsere Stummen Freunde zu entwickeln. Drei Highballs, und ich denke, ich bin der heilige Franz von Assisi.

Aber ich glaube eigentlich, dass sie mir gar nichts ausmachen. Weil sie aus dem echten Zeug sind. Da liegt nämlich der Unterschied.

Von diesem hier geht es einem bloß gut. Ach ja, mir geht es hervorragend, Fred. Dir auch, was? Wusste ich's doch, du siehst nämlich besser aus. Ich liebe den Schlips, den du da umhast. Oh, hat Edith dir geschenkt? Na, war das nicht nett von ihr? Weißt du, Fred, die meisten Leute sind ja schrecklich nett. Es gibt nur ganz wenige, die nicht von Herzen feine Kerle sind. Dein Herz ist auch groß und schön, Fred. Du wärst der Erste, an den ich mich wenden würde, wenn ich Ärger hätte. Ich glaube, du bist so ungefähr der beste Freund, den ich auf der Welt habe. Aber ich mache mir Sorgen um dich, Fred. Ja, die auch. Ich finde, du achtest nicht genug auf dich. Du solltest mehr auf dich achten, um deiner Freunde willen. Du solltest nicht dieses entsetzliche Zeug trinken, das jetzt im Umlauf ist; du bist es deinen Freunden schuldig, vorsichtig zu sein. Es macht dir doch nichts aus, wenn ich dir das so sage, nicht? Mein Lieber, ich tu's ja nur, weil ich dein Freund bin und nicht mitansehen kann, dass du nicht auf dich achtest. Es tut mir weh zuzusehen, wenn du dich so herumtreibst wie in letzter Zeit. Halt dich doch an diese Kneipe, da haben sie richtigen Scotch, der kann dir nichts tun. Oh, Liebling, findest du wirklich, ich sollte? Aber sag du ihm, nur noch ein ganz kleines. Sag's ihm, Schatz.

Bist du oft hier, Fred? Ich würde mir nicht solche Sorgen machen, wenn ich wüsste, du bist an einem sicheren Ort wie dem hier. Ach, hier warst du Donnerstagabend? So so. Was denn, nein, das war doch völlig egal, nur, du hattest mich gebeten, dich anzurufen, und ich Idiot habe extra eine Verabredung sausen lassen, bloß weil ich dachte, ich treffe dich. Der Gedanke kam irgendwie ganz natürlich, als du sagtest, ich sollte dich anrufen. Du lieber Gott, nun mach doch jetzt nicht solchen Wirbel darum. Es war mir wirklich vollkommen egal. Ich fand es nur nicht besonders freundschaftlich, das ist alles. Ich weiß nicht – ich hatte gedacht, wir wären wirklich gute Freunde. Ich bin furchtbar dämlich in Bezug auf Freunde, Fred. Dabei gibt es gar nicht viele Leute, die von ganzem Herzen Freunde sind. Im Grunde würden sie einen alle übers Ohr hauen. Doch, würden sie.

War Edith Donnerstagabend hier mit dir?

Na ja, steht ihr ja. Abgesehen von einem Bergwerk unter Tage kann ich mir keinen Ort vorstellen, wo das Licht schmeichelhafter wäre für ihre Visage. Kennst du wirklich viele Leute, die behaupten, dass sie gut aussieht? Du suchst dir deine Bekannten wohl unter den Hornhautgeschädigten, was, Freddie-Schatz? Wieso denn, gar nichts bin ich – es ist bloß einfach so, entweder man kann gucken oder eben nicht. Also für mich sieht Edith aus wie ein Etwas, das seine Jungen frißt. Gut gekleidet? *Edith* gut gekleidet? Willst du mich veräppeln, Fred, in meinem Alter? Ist das dein Ernst? Du lieber Gott. Du meinst im Ernst, was sie anhat, ist *Absicht*? Du lieber Himmel, ich dachte immer, sie kommt gerade aus einem brennenden Haus herausgerannt.

Also schön, das Leben ist zum Lernen da. Edith ist gut gekleidet. Edith hat Geschmack! Jawohl, einen bezaubernden Geschmack für Schlipse. Vermutlich darf ich das über eine so liebe Freundin von dir gar nicht sagen, Fred, aber sie hat den lausigsten Schlipsgeschmack, den ich je gesehen habe. Ich habe noch nie etwas gesehen, was an dieses Ding da rankommt, das du um den Hals hast. Von mir aus, dann habe ich eben gesagt, dass er mir gefällt. Das habe ich nur gesagt, weil du mir leid getan hast. Mir würde jeder leid tun, der so was umhat. Ich wollte nur, dass du dich wohlfühlst, ich hatte nämlich gedacht, du wärst mein Freund. Mein Freund! Aber ich habe keinen einzigen Freund auf der Welt. Weißt du das, Fred? Keinen einzigen Freund auf der ganzen Welt.

Na und, was geht dich das an, ob ich weine? Ich kann weinen, wann ich will, oder? Du würdest ja wohl auch weinen, wenn du keinen Freund auf der Welt hättest. Sieht mein Gesicht sehr schlimm aus? Bestimmt ist wieder die ganze Wimperntusche verlaufen. Ich darf keine Wimperntusche mehr nehmen, Fred; das Leben ist zu traurig. Ist das Leben nicht schrecklich? Oh mein Gott, ist das Leben nicht entsetzlich? Nein, nicht weinen, Fred. Bitte – nicht. Mach dir nichts draus. Das Leben ist schlimm, aber achte doch nicht drauf. Du hast ja Freunde. Ich bin es, die keine hat. So bin ich eben. Nein, ich bin es. Ich bin diejenige.

Ich glaube nicht, dass es mir mit noch einem besser geht. Ich weiß auch gar nicht, ob ich überhaupt will, dass es mir besser geht. Wozu soll es einem gut gehen, wenn das Leben so schlimm ist? Oh, na ja, also dann. Aber bitte sag ihm, nur ein kleines, wenn es nicht zu viel Umstände macht. Ich möchte nicht mehr lange bleiben. Diese Kneipe ist nichts für mich. So düster und muffig. Genau die Sorte, nach der Edith verrückt wäre – mehr habe ich dazu nicht zu sagen. Ich weiß, ich sollte über deine beste Freundin nicht reden, Fred, aber sie ist schlimm. Diese Frau ist die größte Laus auf der ganzen Welt. Es tut mir weh, dass du der traust. Und ich kann nicht mitansehen, wenn dich jemand reinlegt. Ich kann nicht mitansehen, wenn dir jemand wehtut. Nur deshalb geht es mir doch so schlimm. Deshalb läuft mir die Wimperntusche übers ganze Gesicht. Nein, nicht, Fred, bitte. Du darfst nicht meine Hand halten. Das wäre nicht fair gegenüber Edith. Wir müssen fair sein zu dieser Riesenlaus. Immerhin ist sie ja deine beste Freundin, oder?

Ehrlich? Meinst du das ehrlich, Fred? Ja, sicher, aber woher hätte ich das denn wissen sollen, wenn du die ganze Zeit mit ihr zusammen bist – wenn du sie jeden Abend hierherbringst? Wirklich, nur Donnerstag? Oh, ich weiß – ich weiß genau, wie das ist. Man kann einfach nicht anders, wenn jemand so an einem klebt. Herrgott, bin ich froh, dass du auch merkst, wie furchtbar diese Frau ist. Ich war sehr besorgt darüber, Fred. Weil ich nämlich dein Freund bin. Wieso, natürlich bin ich das, Liebling … Das weißt du doch. Ach, das ist doch albern, Freddie. Du hast Berge von Freunden. Nur, einen besseren als mich wirst du nicht finden. Nein, ich weiß das. Ich weiß auch, dass ich nie einen finde, der besser zu mir ist als du. Gib mir mal eben meine Hand wieder, nur eine Sekunde, bis ich diese verdammte Wimperntusche aus dem Auge habe.

Ja, ich finde, das sollten wir, Schatz. Ich finde, wir sollten eins trinken, auf unsere Freundschaft. Nur ein kleines, weil es richtiger Scotch ist und wir richtige Freunde sind. Freunde sind doch schließlich das Tollste auf der Welt, nicht, Fred? Siehst du, jetzt geht es dir gut, weil du weißt, du hast einen Freund. Mir geht es fantastisch, dir auch, Schatz? Du siehst auch fantastisch aus. Ich bin stolz, dich zum Freund zu haben. Begreifst du, Fred, was für einen Seltenheitswert Freunde haben, wenn man an all die furchtbaren Leute auf der Welt denkt? Tiere sind viel besser als Leute. Ach Gott, ich liebe Tiere. Das gefällt mir ja an dir so, Fred. Du magst Tiere so gern.

Hör mal, ich sage dir, was wir jetzt machen, wenn wir noch ein kleines Glas getrunken haben. Lass uns hier raus und viele viele streunende Hunde einsammeln. Ich konnte nie genug Hunde haben, du etwa? Wir brauchen mehr Hunde. Vielleicht finden wir ja auch ein paar Katzen, wenn wir uns umsehen. Und ein Pferd, ja, ich hatte noch nie ein Pferd, Fred. Ist das nicht elend? Nicht ein einziges Pferd. Ach ja, ein nettes altes Droschkenpferd hätte ich so gern, Fred. Du nicht auch? Ich würde es so gern pflegen und ihm die Haare kämmen und alles. Ach, sei doch nicht eingeschnappt, Fred, bitte nicht. Ich brauche ein Pferd, ganz ehrlich. Hättest du nicht auch gern eins? Ach, das wäre so süß und lieb. Komm, wir trinken noch eins, und dann gehen du und ich und holen uns ein Pferdchen, Freddie – nur ein kleines ...: Liebling, ein ganz kleines.

DA WÄREN WIR
(Here We Are)

Der junge Mann in dem neuen blauen Anzug war endlich damit fertig, die glänzenden Gepäckstücke in sicheren Ecken des Abteils erster Klasse zu verstauen. Der Zug hatte sich in Kurven geworfen und auf gerade Streckenabschnitte gestürzt und dabei die Bewahrung des Gleichgewichts zu einer anerkennenswerten und prekären Leistung gemacht; und der junge Mann hatte die Reisetaschen mit konzentrierter Sorgfalt gehoben und gedrückt und geschoben und gerückt.

Gleichwohl sind acht Minuten eine lange Zeit, um zwei Koffer und eine Hutschachtel unterzubringen.

Er setzte sich, an rauhen grünen Plüsch zurückgelehnt, auf den Platz gegenüber dem Mädchen in Beige. Sie sah so neu aus wie ein gepelltes Ei. Ihr Hut, ihr Pelz, ihr Kleid, ihre

Handschuhe schimmerten und starrten vor Neuheit. Auf dem gewölbten Teil der dünnen, glatten Sohle des einen beigen Schuhs klebte ein kleines Rechteck aus weißem Papier, auf dem der Preis stand, der für den Pumps und sein Gegenstück festgesetzt und bezahlt worden war, und der Name des Geschäfts, das beide geliefert hatte.

Sie hatte hingerissen aus dem Fenster gestarrt und die großen verwitterten Reklametafeln verschlungen, die Errungenschaften wie Kabeljau ohne Gräten und Drahtgitter, denen kein Rost etwas anhaben kann, lobpriesen. Als sich der junge Mann setzte, wandte sie sich artig von der Scheibe ab, sah ihm in die Augen, begann ein Lächeln und brachte es etwa halb zuwege und ließ ihren Blick knapp oberhalb seiner rechten Schulter ruhen.

»Tja!«, sagte der junge Mann.

»Tja!«, sagte sie.

»Tja, da wären wir«, sagte er.

»Da wären wir«, sagte sie. »Stimmt's?«

» Und ob das stimmt«, sagte er. »Jawoll. Da wären wir.«

»Tja!«, sagte sie.

»Tja!«, sagte er. »Tja. Wie fühlt man sich denn so als alte verheiratete Frau?«

»Oh, es ist noch zu früh, um mich danach zu fragen«, sagte sie. »Jedenfalls – ich meine. Na ja, ich meine nur, du liebe Güte, wir sind doch erst ungefähr drei Stunden verheiratet, stimmt's?«

Der junge Mann studierte seine Armbanduhr, als hätte er sich gerade erst die Fertigkeit der Zeitbestimmung zu eigen gemacht.

»Wir sind jetzt«, sagte er, »genau zwei Stunden und sechsundzwanzig Minuten verheiratet.«

»Ach«, sagte sie. »Es scheint schon länger zu sein.«

»Nein«, sagte er. »Es ist ja noch nicht einmal halb sechs.«

»Es kommt mir viel später vor«, sagte sie. »Ich glaube, das ist, weil es schon so früh dunkel wird.«

»Das trifft tatsächlich zu«, sagte er. »Die Nächte werden von nun an ziemlich lang sein. Ich meine. Ich meine nur – es wird eben schon früh dunkel.«

»Ich hatte keine Ahnung, wie viel Uhr es

ist«, sagte sie. »Alles ging so durcheinander, ich weiß irgendwie gar nicht, wo ich bin oder was überhaupt los ist. Zurück von der Kirche, und dann alle diese Menschen, und dann das ganze Umziehen, und dann von allen beworfen werden und dergleichen. Du liebe Güte, ich verstehe nicht, wie man das jeden Tag tun kann.«

»Was tun kann?«, sagte er.

»Heiraten«, sagte sie. »Wenn man an all die Menschen denkt, überall auf der Welt, die einfach heiraten, als ob es nichts wäre. Chinesen und jedermann. Als ob es einfach gar nichts wäre.«

»Na, wir wollen uns mal nicht den Kopf zerbrechen über Menschen überall auf der Welt«, sagte er. »Lass uns doch nicht über einen Haufen Chinesen nachdenken. Wir können doch an etwas Besseres denken. Ich meine. Ich meine nur – was gehen die uns schon an?«

»Ich weiß ja«, sagte sie. »Aber ich musste nur irgendwie daran denken, wie sie alle, allüberall, es ständig tun. Jedenfalls, ich meine – heiraten, weißt du. Und es ist – es ist eben irgendwie so eine große Sache, dass einem ganz komisch wird. Man denkt daran, wie sie, sie alle, es alle einfach tun, als ob es gar nichts wäre. Und wer von ihnen weiß schon, was anschließend passiert?«

»Sollen sie sich doch den Kopf zerbrechen«, sagte er. »Wir haben das nicht nötig. Wir wissen sehr wohl, was anschließend passiert. Ich meine. Ich meine nur – wir wissen eben, dass es toll wird. Wir wissen eben, dass wir glücklich werden. Stimmt's?«

»Ja, natürlich«, sagte sie. »Man denkt nur an all die Menschen, und man muss irgendwie dauernd daran denken. Dabei wird einem ganz komisch zumute. Bei furchtbar vielen Leuten, die heiraten, da läuft es eben nicht so gut. Und ich glaube, dass sie alle gedacht haben müssen, es würde toll.«

»Jetzt lass das doch«, sagte er. »So fängt man doch keine Hochzeitsreise an, mit derart viel Nachdenken. Sieh dir uns an – richtig verheiratet und alles erledigt. Ich meine. Die Hochzeit erledigt und all das.«

»Ach, es war schön, stimmt's?«, sagte sie. »Hat dir mein Schleier auch wirklich gefallen?«

»Du hast toll ausgesehen«, sagte er. »Einfach toll.«

»Oh, da bin ich aber schrecklich froh«, sagte sie. »Ellie und Louise haben entzückend ausgesehen, stimmt's? Ich bin schrecklich froh, dass sie sich doch für Rosa entschieden haben. Sie haben einfach entzückend ausgesehen.«

»Du, hör mal«, sagte er. »Ich möchte dir etwas erzählen. Als ich da vorne in der alten Kirche stand und auf dich gewartet habe und die beiden Brautjungfern sah, da habe ich bei mir gedacht, da habe ich doch gedacht: ›Ich wusste ja gar nicht, dass Louise so aussehen kann!‹ Also da fielen einem ja fast die Augen aus dem Kopf.«

»Ach, wirklich?«, sagte sie. »Komisch. Sicher, alle fanden ihr Kleid und ihren Hut entzückend, aber viele Leute fanden doch, dass sie irgendwie müde aussieht. Das haben die Leute in letzter Zeit häufig gesagt. Ich sage dann immer zu ihnen, ich finde es furchtbar gemein von ihnen, herumzulaufen und das über sie zu erzählen. Ich sage dann immer zu ihnen, sie dürfen nicht vergessen, dass Louise nicht mehr so schrecklich jung ist und dass sie damit rechnen müssen, dass sie halt jetzt so aussieht. Louise kann noch so oft sagen, sie sei dreiundzwanzig, sie ist trotzdem weit eher an die Siebenundzwanzig.«

»Na, auf der Hochzeit war sie jedenfalls eine Wucht«, sagte er. »Junge, Junge!«

»Da bin ich aber schrecklich froh«, sagte sie. »Ich bin froh, dass einer das fand. Wie fandest du denn, dass Ellie aussah?«

»Also, ich habe sie mir eigentlich gar nicht angeschaut«, sagte er.

»Ach, wirklich?«, sagte sie. »Na, das finde ich ein starkes Stück. Eigentlich sollte ich das ja nicht von meiner eigenen Schwester sagen, aber ich habe noch nie jemanden so wundervoll gesehen, wie Ellie heute aussah. Und dabei immer so lieb und selbstlos. Und du hast sie nicht einmal bemerkt. Aber du beachtest Ellie ja ohnehin nie. Glaub ja nicht, dass ich das nicht gemerkt habe. Es macht mich ganz krank. Es macht mich einfach ganz krank, dass du meine eigene Schwester nicht magst.«

»Aber ich mag sie doch!«, sagte er. »Ich bin ganz verrückt nach Ellie. Ich finde, sie ist ein tolles Mädchen.«

»Glaub ja nicht, dass das Ellie etwas ausmacht!«, sagte sie. »Ellie hat genug Leute, die ganz verrückt nach ihr sind. Ihr ist es egal, ob du sie magst oder nicht. Bild dir bloß nicht ein, dass sie sich darum kümmert! Das Einzige ist nur, das macht's mir eben schrecklich schwer, dass du sie nicht magst, das ist das Einzige. Ich denke dauernd daran, wenn wir zurückkommen und in die Wohnung ziehen und so, dann wird es für mich furchtbar schwer sein, dass du nicht willst, dass mich meine eigene Schwester besuchen kommt. Es wird es mir furchtbar schwermachen, dass du meine Familie nie dahaben willst. Ich weiß ja, was du von meiner Familie hältst. Glaub ja nicht, dass ich das nicht gemerkt habe. Nur, wenn du sie nie sehen willst, dann ist das ganz allein dein Schaden. Nicht ihrer. Bilde dir bloß nichts ein!«

»Jetzt hör aber mal!«, sagte er. »Was soll das ganze Gerede, dass ich deine Familie nicht dahaben will? Du weißt doch, was ich von deiner Familie halte. Ich finde deine alte Dame – ich finde deine Mutter prima. Und Ellie. Und deinen Vater. Was soll also das ganze Gerede?«

»Na, ich habe es jedenfalls gemerkt«, sagte sie. »Und ob ich das gemerkt habe. Es gibt viele Leute, die heiraten und denken, dass es toll wird und so, und dann geht alles kaputt, weil die Leute die Familien der Leute nicht mögen oder was Ähnliches. Du brauchst mir gar nichts zu erzählen! Ich hab es doch erlebt.«

»Herzchen«, sagte er, »was soll das Ganze? Weshalb regst du dich denn so auf? Du, schau, wir sind doch auf der Hochzeitsreise. Weshalb versuchst du Streit anzufangen? Ah, ich glaube, du bist einfach irgendwie nervös.«

»Ich?«, sagte sie. »Weshalb sollte ich nervös sein? Ich meine. Ich meine nur, du liebe Güte, ich bin doch nicht nervös.«

»Weißt du«, sagte er, »es heißt oft, dass junge Frauen irgendwie nervös und zappelig werden, weil sie daran denken, dass – ich meine. Ich meine nur – es ist eben, wie du gesagt hast, alles ist irgendwie durcheinander und so, gerade jetzt. Aber hinterher wird alles gut sein. Ich meine. Ich meine nur – na ja, schau, Herzchen, du scheinst es nicht gerade sehr bequem zu haben. Willst du nicht deinen Hut abnehmen? Und lass uns nie wieder streiten, nie wieder. Ja?«

»Ach, es tut mir leid, dass ich wütend war«, sagte sie. »Ich glaube, mir war tatsächlich ein bisschen komisch zumute. Ganz durcheinander, und dann an all die Menschen allüberall denken müssen, und dann irgendwie weit weg sein, hier, ganz allein mit dir. Es ist irgendwie so anders. Es ist irgendwie so eine große Sache. Man kann doch niemandem einen Vorwurf machen, nur weil er denkt, oder? Ja, lass uns nie, nie wieder streiten. Wir werden nicht so sein wie so viele andere. Wir werden nicht streiten oder bösartig sein oder dergleichen. Ja?«

»Ganz bestimmt nicht, verlass dich drauf«, sagte er.

»Ich glaube, ich nehme den blöden alten Hut ab«, sagte sie. »Er drückt mich. Würdest du ihn bitte ins Gepäcknetz legen, Schatz? Gefällt er dir, Liebling?«

»Steht dir gut«, sagte er.

»Nein, ich meine«, sagte sie, »ob er dir wirklich gefällt?«

»Tja, ich will mal so sagen«, sagte er. »Ich weiß, dass das die neue Mode ist und ähnlich, und vermutlich ist er ja toll. Von sowas verstehe ich nichts. Mir gefällt die Art von Hut wie der blaue, den du mal gehabt hast. Mann, der Hut hat mir gefallen.«

»Ach, wirklich?«, sagte sie. »Na, das ist ja reizend. Das ist ja großartig. Das Erste, was du zu mir sagst, kaum dass du mich in einen Zug bekommen hast, weg von meiner Familie und so, das ist, dass dir mein Hut nicht gefällt. Das Erste, was du zu deiner Frau sagst, du findest, dass sie bei Hüten einen schlechten Geschmack hat. Das ist ja wirklich reizend!«

»Aber, Herzchen«, sagte er. »Ich habe nie etwas Derartiges gesagt. Ich habe nur gesagt –«

»Was dir nicht klar zu sein scheint«, sagte sie, »dieser Hut hat zweiundzwanzig Dollar gekostet. Zwei-und-zwanzig Dollar. Und das scheußliche alte blaue Ding, nach dem du angeblich so verrückt bist, das hat dreifünfundneunzig gekostet.«

»Ist mir völlig schnuppe, was sie gekostet haben«, sagte er. »Ich habe nur gesagt – ich habe gesagt, dass mir der blaue Hut gefallen hat. Ich verstehe nichts von Hüten. Ich bin ganz verrückt auf den da, wenn ich mich erst einmal daran gewöhnt habe. Er ist nur irgendwie nicht so wie deine anderen Hüte. Ich versteh nichts von den neuen Moden. Was verstehe ich schon von Damenhüten?«

»Es ist jammerschade«, sagte sie, »dass du nicht jemanden geheiratet hast, der die Art von Hüten kauft, die dir gefällt. Hüte, die dreifünfundneunzig kosten. Warum hast du nicht Louise geheiratet? Du findest doch immer, dass sie so wundervoll aussieht. Du wärst ganz begeistert von ihrem Geschmack bei Hüten. Warum hast du nicht sie geheiratet?«

»Also wirklich, Herzchen«, sagte er. »Um Himmels willen!«

»Warum hast du nicht sie geheiratet?«, sagte sie. »Seit wir in diesen Zug gestiegen sind, hast du nichts anderes getan, als von ihr geredet. Und ich konnte dasitzen und mir anhören, wie wundervoll Louise deiner Meinung nach ist. Das ist ja vielleicht reizend, mich ganz allein mit dir hierher zu bekommen und mir dann ins Gesicht von Louise vorzuschwärmen. Warum hast du nicht sie gebeten, dich zu heiraten? Ich bin sicher, sie hätte mit beiden Händen zugegriffen. Es gibt nicht allzu viele Leute, die sie bitten, sie zu heiraten. Es ist jammerschade, dass du nicht sie geheiratet hast. Ich bin sicher, ihr wärt auch viel glücklicher gewesen.«

»Hör mal, Kindchen«, sagte er, »da du gerade bei diesem Thema bist: Warum hast du eigentlich nicht Joe Brooks geheiratet? Ich nehme an, der hätte dir so viele Zweiundzwanzig-Dollar-Hüte schenken können, wie du nur wolltest, das nehme ich doch stark an!«

»Na, ich bin mir gar nicht so sicher, dass es mir nicht tatsächlich leid tut«, sagte sie. »So! Joe Brooks hätte nicht gewartet, bis er mich irgendwo ganz allein gehabt hätte, und sich dann über meinen Kleidergeschmack lustig gemacht. Joe Brooks hat mich immer sehr gern gehabt. So!«

»Oh, ja«, sagte er. »Er hat dich sehr gern. Er hat dich sogar so gern gehabt, dass er nicht einmal ein Hochzeitsgeschenk geschickt hat. So gern hat er dich gehabt.«

»Zufällig weiß ich ganz genau«, sagte sie, »dass er geschäftlich unterwegs war, und sobald er zurückkommt, wird er mir alles geben, was ich für die Wohnung haben möchte.«

»Pass mal gut auf«, sagte er. »Ich will nichts, was er dir schenkt, in unserer Wohnung haben. Alles, was er dir schenkt, werfe ich schnurstracks zum Fenster hinaus. So viel halte ich nämlich von deinem Freund Joe Brooks. Und wieso weißt du überhaupt, wo er ist und was er tun wird? Hat er dir etwa geschrieben?«

»Ich nehme doch an, dass meine Freunde mit mir korrespondieren können«, sagte sie. »Ich habe nicht gehört, dass es dagegen ein Gesetz gibt.«

»Und ich nehme stark an, dass sie das eben nicht können!«, sagte er. »Na, was sagst du jetzt? Ich lasse meine Frau doch nicht einen Haufen Briefe von billigen Handlungsreisenden bekommen!«

»Joe Brooks ist kein billiger Handlungsreisender!«, sagte sie. »Überhaupt nicht! Er bekommt ein wunderbares Gehalt.«

»Ach, ja?«, sagte er. »Wo hast du denn das her?«

»Das hat er mir selbst erzählt«, sagte sie.

»Ach, das hat er dir selbst erzählt«, sagte er. »Ich verstehe. Das hat er dir selbst erzählt.«

»Du hast nicht das geringste Recht, über Joe Brooks zu reden«, sagte sie. »Du mit deiner Freundin Louise. Du redest doch über nichts anderes als über Louise.«

»Ach, um Himmels willen!«, sagte er. »Was kümmert mich Louise? Ich habe nur gedacht, sie sei eine Freundin von dir, nichts weiter. Deshalb habe ich sie doch überhaupt nur wahrgenommen.«

»Na, heute hast du jedenfalls eine Menge Notiz von ihr genommen«, sagte sie. »An unserem Hochzeitstag! Du hast selbst gesagt, als du da in der Kirche standest, da hast du dauernd an sie denken müssen. Und das vorne am Altar. Oh, und das in Anwesenheit Gottes! Und du hast an nichts anderes gedacht als an Louise.«

»Pass auf, Herzchen«, sagte er, »ich hätte das nie sagen sollen. Wer weiß denn schon, was für verrückte Gedanken einem durch den Kopf gehen, wenn man dasteht und darauf wartet, getraut zu werden? Ich habe dir das doch nur erzählt, weil es irgendwie so verrückt war. Ich dachte, dass es dich zum Lachen bringt.«

»Ich weiß ja«, sagte sie. »Ich bin heute eben irgendwie durcheinander. Ich habe es dir doch gesagt. Weil alles so ungewohnt ist und so. Und weil ich ständig an all die Menschen überall auf der Welt denken muss und weil wir jetzt ganz alleine hier sind und so. Ich weiß, dass man da ganz durcheinander wird. Ich dachte nur, weil du dauernd darüber geredet hast, wie wundervoll Louise aussah, du hättest das bös und mit Vorbedacht getan.«

»Ich habe noch nie etwas mit Bosheit und Vorbedacht getan!«, sagte er. »Ich habe dir das von Louise nur erzählt, weil ich dachte, dass es dich zum Lachen bringen würde.«

»Ich habe nicht lachen müssen«, sagte sie.

»Nein, das sehe ich«, sagte er. »Das war ganz bestimmt nicht der Fall. Ach, Kindchen, und dabei sollten wir tatsächlich lachen. Hol's der Teufel, Herzblättchen, wir sind doch auf der Hochzeitsreise. Was ist denn bloß los?«

»Ich weiß es nicht«, sagte sie. »Wir haben uns früher oft gezankt, als wir miteinander gingen und dann verlobt waren und so, aber ich dachte, dass nach der Hochzeit alles ganz anders sein würde. Und jetzt komme ich mir irgendwie ganz komisch vor und so. Ich komme mir irgendwie so allein vor.«

»Tja, weißt du, Liebling«, sagte er, »eigentlich sind wir ja noch nicht richtig verheiratet. Ich meine. Ich meine nur – hinterher wird eben alles anders sein. Ach, zum Teufel. Ich meine, wir sind eben noch nicht lange verheiratet.«

»Nein«, sagte sie.

»Na, jetzt müssen wir ja nicht mehr lange warten«, sagte er. »Ich meine nur – in etwa zwanzig Minuten sind wir in New York. Dann können wir zu Abend essen und mal sehen, wozu wir Lust haben. Das heißt, ich meine. Möchtest du heute Abend irgend etwas Spezielles tun?«

»Was?«, sagte sie.

»Was ich meine, ist«, sagte er, »würdest du gerne ins Theater gehen oder so?«

»Also, was immer du willst«, sagte sie. »Ich hatte nur irgendwie nicht gedacht, dass die Leute ins Theater oder sonstwohin gehen in ihrer – ich meine nur, ich muss unbedingt ein paar Briefe schreiben. Bitte erinnere mich daran.«

»Oh«, sagte er. »Du willst heute Abend Briefe schreiben?«

»Ja, weißt du«, sagte sie, »ich habe mich einfach schrecklich benommen. Vor lauter Aufregung und so. Da habe ich mich bei der armen alten Mrs. Sprague gar nicht für ihren Kompottlöffel bedankt, und ich habe noch gar nichts wegen der Buchstützen unternommen, die die McMasters geschickt haben. Das ist einfach ganz furchtbar von mir. Ich muss ihnen noch heute Abend schreiben.«

»Und wenn du deine Briefe zu Ende geschrieben hast«, sagte er, »könnte ich dir vielleicht eine Zeitschrift oder ein Päckchen Erdnüsse besorgen.«

»Was?«, sagte sie.

»Ich meine«, sagte er, »ich möchte auf keinen Fall, dass du dich mit mir langweilst.«

»Als ob ich mich mit dir langweilen könnte!«, sagte sie. »Dummerchen! Wir sind doch verheiratet oder nicht? Langweilen!«

»Ich hatte mir gedacht«, sagte er, »ich hatte gedacht, wenn wir ankommen, dann könnten wir direkt ins Biltmore gehen und jedenfalls unsere Koffer dortlassen, und vielleicht im

Zimmer ein kleines Abendessen zu uns nehmen, ganz ungestört, und dann machen, wozu wir Lust haben. Ich meine. Ich meine nur – lass uns eben vom Bahnhof aus direkt hingehen.«

»Oh, ja, bitte«, sagte sie. »Ich bin so froh, dass wir ins Biltmore gehen. Ich liebe es einfach. Die beiden Male, die ich in New York übernachtet habe, da haben wir immer dort übernachtet, Papa und Mama und Ellie und ich, und ich war ganz verrückt auf das Hotel. Ich schlafe dort immer so gut. Ich schlafe sofort ein, wenn ich den Kopf aufs Kissen lege.«

»Ach, ja?«, sagte er.

»Jedenfalls, ich meine nur«, sagte sie. »Dort oben ist es so ruhig.«

»Wir könnten ja morgen Abend ins Theater gehen statt heute Abend«, sagte er. »Glaubst du nicht auch, dass das besser wäre?«

»Ja, das wäre wohl besser«, sagte sie.

Er stand auf, hielt sich einen Augenblick im Gleichgewicht, machte einen Schritt und setzte sich neben sie.

»Musst du diese Briefe wirklich heute Abend schreiben?«, sagte er.

»Na ja«, sagte sie, »ich nehme nicht an, dass sie schneller dort wären, als wenn ich sie erst morgen schreibe.«

Es herrschte Stille, in der einiges vor sich ging.

»Und wir werden nie mehr streiten, ja?«, sagte er.

»Oh, nein«, sagte sie. »Nie mehr! Ich weiß nicht, was mich dazu gebracht hat. Es war nur alles irgendwie so komisch, so wie ein Alptraum, wie ich da an all die Menschen denken musste, die ständig heiraten; und bei so vielen von ihnen, da geht alles schief, weil sie streiten und so. Ich war ganz durcheinander, als ich daran dachte. Oh, ich möchte nicht so sein wie sie. Aber das werden wir auch nicht, oder?«

»Ganz bestimmt nicht«, sagte er.

»Wir werden uns nicht kaputt machen«, sagte sie. »Wir werden nicht streiten. Alles wird anders sein, jetzt, wo wir verheiratet sind. Alles wird wunderbar sein. Würdest du mir bitte meinen Hut herunterreichen, Liebling? Es wird Zeit, dass ich ihn aufsetze. Danke. Ach, es tut mir so leid, dass er dir nicht gefällt.«

»Aber er gefällt mir doch!«, sagte er.

»Du hast gesagt, dass er dir nicht gefällt«, sagte sie. »Du hast gesagt, dass du ihn einfach schrecklich findest.«

»Das habe ich nie gesagt«, sagte er. »Du bist ja verrückt. «

»Na schön, ich bin also verrückt«, sagte sie. »Vielen herzlichen Dank. Aber das hast du gesagt. Nicht dass es darauf ankommt – das ist nur eine Lappalie. Aber es wird einem schon ganz schön komisch zumute, wenn man bedenkt, dass man hingegangen ist und jemanden geheiratet hat, der sagt, bei Hüten habe man einfach einen schrecklichen Geschmack. Und dann auch noch hingeht und sagt, man sei verrückt.«

»Jetzt hör mir mal zu«, sagte er. »Niemand hat etwas Derartiges gesagt. Ich liebe diesen Hut doch. Je mehr ich ihn mir anschaue, desto besser gefällt er mir. Ich finde, er ist toll.«

»Das hast du vorhin aber nicht gesagt«, sagte sie.

»Herzchen«, sagte er. »Willst du wohl damit aufhören? Weshalb musst du denn wieder damit anfangen? Ich liebe den verdammten

Hut. Ich meine, ich liebe deinen Hut. Ich liebe alles, was du anhast. Was soll ich denn noch sagen?«

»Na ja, ich möchte eben nicht, dass du es in dem Ton sagst«, sagte sie.

»Ich habe gesagt, dass ich ihn toll finde«, sagte er. »Mehr habe ich nicht gesagt.«

»Findest du wirklich?«, sagte sie. »Ganz ehrlich? Ach, da bin ich aber froh. Ich fände es grässlich, wenn dir mein Hut nicht gefallen würde. Es wäre – ich weiß nicht, es wäre irgendwie so ein schlechter Anfang.«

»Also ich bin ganz verrückt danach«, sagte er. »Das hätten wir also geklärt, dem Himmel sei Dank. Ach, Kindchen. Kindchen, Süßes. Wir werden keinen schlechten Anfang haben. Schau uns an – wir sind auf der Hochzeitsreise. Schon bald sind wir richtiggehende alte Eheleute. Ich meine. Ich meine eben, in ein paar Minuten werden wir in New York ankommen und dann ins Hotel gehen, und dann wird alles gut sein. Ich meine – na, schau uns doch an! Da wären wir also verheiratet! Da wären wir also!«

»Ja, da wären wir«, sagte sie. »Stimmt's?«

TROST UND LICHT

(Lady with a Lamp)

Mensch, Mona! Mensch, du armes krankes Hühnchen, du! Ach, wie *klein* und weiß und klein du aussiehst, ja, doch, wie du da liegst in diesem Riesenbett. Das ist wieder typisch du – gehst hin und siehst aus wie ein Kindchen und kannst einem leid tun, und kein Mensch brächte es übers Herz, mit dir zu schimpfen. Und dabei müsste ich mit dir schimpfen, Mona. O ja, das müsste ich sehr wohl. Sagst mir gar nicht, dass du krank bist. Kein Wort davon zu deiner ältesten Freundin. Liebling, du weißt sehr gut, dass ich Verständnis gehabt hätte, egal was du getan hast. Was ich meine? Wieso, was meinst *du* denn mit was ich meine, Mona? Aber sicher, wenn du lieber nicht darüber reden – Nicht einmal mit deiner ältesten Freundin. Ich wollte *nur* sagen, du weißt sehr gut, dass ich immer für dich da bin, egal was kommt. Ich gebe ja zu, manchmal finde ich es etwas schwer zu begreifen, wie in aller Welt du in so eine – na ja. Meine Güte, ich möchte dich jetzt nicht anmeckern, wo du so krank bist.

Schon gut, Mona, dann bist du eben *nicht* krank. Wenn das deine Ansicht ist, sogar mir gegenüber, schön, in Ordnung, meine Liebe. Höchstwahrscheinlich muss man fast zehn Tage das Bett hüten, wenn man gar nicht krank ist, und höchstwahrscheinlich sieht man auch so aus wie du, wenn man gar nicht krank ist. Nur die Nerven? Du warst einfach völlig erschöpft? A ja. Ach, Mona, Mona, spürst du denn nicht, mir kannst du doch vertrauen.

Schön, wenn du so zu mir sein möchtest, dann möchtest du eben so sein. Ich werde nicht mehr darüber reden. Ich finde lediglich, du hättest mir sagen können, dass du eine – äh, dass du so *übermüdet* warst, so soll ich es ja wohl nennen. Wieso, ich hätte doch nie ein Wort erfahren, wenn ich nicht zufällig mit Alice Patterson zusammengerannt wäre und die mir nicht gesagt hätte, dass sie bei dir angerufen hat und dass dieses Mädchen da bei dir gesagt hat, dass du seit zehn Tagen krank im Bett liegst. Natürlich, ich fand es auch etwas komisch, dass ich nichts mehr von dir gehört habe, aber du weißt ja selber, wie du bist – du lässt einen einfach sausen, Wochen vergehen wie, na ja, eben *Wochen*, und von dir kein Lebenszeichen. Gott, ich hätte schon x-mal tot sein können, und du hättest es gar nicht mitgekriegt. Zwanzigmal. Na, ich will nicht mit dir schimpfen, wenn du krank bist, aber Hand aufs Herz, Mona, dieses Mal habe ich mir gesagt: »So, jetzt soll sie auch mal warten, dass ich mich melde. Ich habe oft genug eingelenkt, das weiß der Himmel. Jetzt soll *sie* mal zuerst anrufen.« Wirklich und wahrhaftig, das habe ich gesagt!

Und dann traf ich Alice und kam mir schäbig vor, ganz gemein. Und jetzt sehe ich dich da liegen – Mensch, ich fühle mich wie ein Schweinehund. Das machst du nämlich mit Leuten, sogar wenn du im Unrecht bist, wie üblich, du kleines Biest, du! Ach, der arme Liebling! Fühlt sich so grässlich, ja?

Ach, hör doch auf, hier die Tapfere zu spielen, Kind. Vor mir doch nicht. Gib dich drein – das hilft nämlich sehr. Erzähl mir einfach die ganze Geschichte. Du weißt, ich werde kein Wort sagen. Jedenfalls solltest du das wissen. Als Alice mir erzählte, dieses Mädchen da von dir habe gesagt, du seist völlig erschöpft und deine Nerven seien im Eimer, da habe ich natürlich nichts gesagt, aber gedacht habe ich mir: »Tja, anders könnte Mona das gar nicht nennen. Vermutlich ist das die beste Ausrede, die ihr einfällt.« Und *ich* würde sie selbstverständlich nie anzweifeln – aber es wäre vielleicht doch besser gewesen, du hättest eine Grippe oder eine Lebensmittelvergiftung vorgeschützt. Schließlich bleibt man nicht bloß wegen der Nerven zehn Tage im Bett. Schon gut, Mona, dann tut man das. Dann tut man das. Jawohl, Liebes.

Oh, allein der Gedanke, was du durchgemacht hast und wie du hier allein rumkrauchst wie ein wundes Tierchen oder so. Und nur diese farbige Edie soll für dich sorgen. Liebling, müsstest du nicht eine ausgebildete Krankenschwester haben, ich meine, wirklich? Da gibt es doch bestimmt einiges, was man für dich tun müsste. Wieso, Mona! Mona, bitte! Liebes, du brauchst dich nicht so aufzuregen. Also schön, meine Liebe, ganz wie du meinst – gar nichts muss man für dich tun. Ich habe mich geirrt, sonst nichts. Ich hatte einfach nur überlegt, dass man nach einer – O nein, das musst du doch nicht machen. Du darfst niemals sagen, es tut dir leid, nicht *mir* gegenüber. Ich verstehe das doch. Ehrlich gesagt, habe ich ja mit Freuden gehört, wie du in Wut gerätst. Es ist ein gutes Zeichen, wenn kranke Leute zickig werden. Das heißt, sie sind auf dem Wege der Besserung. Oh, ich weiß! Mach du nur weiter und sei zickig, soviel du willst.

Sag mal, wo soll ich mich denn hinsetzen? Ich möchte irgendwo sitzen, wo du dich nicht umdrehen musst, um dich zu unterhalten. Du bleibst genauso da liegen, und ich – Weil du dich bestimmt nicht so viel bewegen sollst. Das ist mit Sicherheit schädlich. Schon gut, Liebes, du kannst dich bewegen, soviel du willst. Schon gut, ich bin wohl verrückt. Dann bin ich eben verrückt. Wir wollen es dabei belassen. Nur bitte, bitte, reg dich nicht so auf.

Ich hole nur mal eben den Stuhl hier und stelle ihn – ups, entschuldige, jetzt bin ich ans Bett gepoltert –, ich stell ihn hierher, wo du mich im Blick hast. So. Aber erst mal will ich dir noch die Kissen aufschütteln, bevor ich mich niederlasse. Nein, die sind bestimmt *nicht* in Ordnung so, Mona. So wie du die verwurschtelt und verzogen hast in den letzten Minuten. Jetzt pass mal auf, Herzchen, ich helfe dir, dich hochzusetzen, ga-a-anz ga-a-anz sa-a-achte. Ja-ah. Natürlich kannst du dich auch allein hochsetzen, Liebes. Aber selbstverständlich. Das hat doch auch niemand bezweifelt. Käme doch niemandem in den Sinn. So, ja, jetzt sind die Kissen wieder kuschelig und hübsch, und du legst dich schön wieder hin, bevor du dir erst was tust. Ist das etwa nicht besser jetzt? Na, das will ich doch meinen!

Augenblick mal, ich hole noch mein Nähzeug. O ja, ich hab es mitgebracht, damit wir es uns richtig gemütlich machen können. Findest du es wirklich hübsch, Hand aufs Herz? Das freut mich aber. Es ist ja nur ein Deckchen fürs Tablett, weißt du. Aber man hat einfach nie genug davon. Macht auch furchtbar viel Spaß, sie zu nähen, diese Kante hier – und geht so schnell. Oh, Mona, Liebes, so oft denke ich, wenn du doch auch dein eigenes Heim und alle Hände voll zu tun hättest, kleine hübsche Sachen wie die hier, das würde dir *so guttun*. Ich mache mir solche Sorgen um dich, hier in dieser winzigen möblierten Wohnung, und nichts drin, was dir gehört, keine Wurzeln, gar nichts. Das ist nicht das Richtige für eine Frau. Das ist völlig falsch für eine Frau wie dich. Ach, wenn du doch bloß über diesen Garry McVicker wegkommen könntest! Wenn du nur einen lieben, netten, vernünftigen Mann kennenlernen und heiraten könntest und deine eigene schöne Umgebung hättest – bei deinem *Geschmack*, Mona! – und vielleicht ein paar Kinder. Du bist einfach großartig zu Kindern. Was denn, Mona Morrison, weinst du etwa? Ach, du bist erkältet? Erkältet *auch* noch? Ich dachte gerade, du weinst, eine Sekunde lang. Möchtest du nicht mein Taschentuch haben, Lämmchen? Ah, so, du hast deine eigenen. Du tust es ja nicht unter einem Chiffontaschentuch in Rosé, du

Schnepfe! Warum nimmst du denn nicht die Abschminktücher im Bett, sieht dich doch sowieso kein Mensch! Du Dusselchen, du! Extravagantes Dummchen!

Nein, jetzt aber mal im Ernst. Ich habe oft zu Fred gesagt: »Ach, wenn wir Mona bloß unter die Haube bekämen!« Ehrlich, du weißt ja nicht, wie sich das anfühlt, wenn du einfach ganz sicher und geschützt bist, mit deinem eigenen gemütlichen Zuhause und eigenen behüteten Kindern, und dein eigener reizender Mann kommt Abend für Abend zu dir nach Hause. Das ist Leben für uns Frauen, Mona. Was du gemacht hast, ist doch schrecklich. Lässt dich bloß so treiben, sonst gar nichts. Was kann dir da alles zustoßen, Liebes, was soll denn aus dir werden? Aber nein – du denkst nicht mal daran. Du machst einfach drauflos und gehst und verliebst dich in diesen Garry da. Tja, meine Liebe, das musst du mir lassen – ich habe von Anfang an gesagt: »Der heiratet die nie.« Das weißt du. Wie bitte? An Heirat habt ihr nie gedacht, du und Garry? Also, Mona, jetzt hör mir mal zu! Jede Frau auf der Welt denkt an Heirat, sobald sie einen Mann liebt. Jede Frau, und mir ist ganz egal, wer sie ist.

Ach, wärst du doch verheiratet! Dann wäre alles ganz anders. Ich glaube, ein Kind würde Wunder wirken, Mona. Der Himmel weiß, ich kann mit diesem Garry ja kein normales Wort wechseln, nach allem, was er dir angetan hat – und *keiner* von deinen Freunden kann das, das weißt du sehr gut –, aber ich kann dir sagen, Hand aufs Herz, falls der dich heiratet, würde ich das alles zu den Akten legen und einfach ganz ganz glücklich sein, für dich. Wenn du ihn *unbedingt* willst. Ich will auch gern zugeben, so hübsch, wie du bist, und bei seinem blendenden Aussehen müsstet ihr einfach *umwerfende* Kinder haben. Mona, Schätzchen, du hast aber wirklich einen dicken Schnupfen, was? Soll ich dir nicht noch ein Taschentuch holen? Wirklich nicht?

Es macht mich einfach krank, dass ich überhaupt keine Blumen mitgebracht habe. Aber ich hatte gedacht, die Wohnung ist voll davon. Na, ich werde auf dem Nachhauseweg anhalten und dir welche schicken lassen. Sieht ja zu trist hier aus, ohne eine Blume im

Zimmer. Hat Garry dir gar keine geschickt? Ach, er wusste nicht, dass du krank bist? Wieso, schickt er denn sonst keine? Hör mal, hat der gar nicht angerufen die ganze Zeit und mitgekriegt, ob du krank bist oder nicht? Die ganzen zehn Tage nicht? Na ja, aber hast du denn nicht angerufen und es ihm gesagt? Also wirklich, Mona, man *kann's* auch übertreiben mit der Heldenrolle. Der soll sich ruhig ein paar Sorgen machen, Liebes. Das tut dem mal ganz gut. Vielleicht liegt *da* das Problem – *du* hast dir immer alle Sorgen für euch beide gemacht. Keine Blumen geschickt! Nicht mal angerufen! Na, *dem* jungen Mann würde ich gern mal ein paar passende Worte erzählen. Schließlich hat *er* das hier zu verantworten.

Er ist weg? *Was* ist er? So, nach Chicago gefahren, vor zwei Wochen. Nun ja, ich dachte allerdings, ich hätte überall gehört, dass zwischen hier und Chicago bereits Telefonkabel gespannt sind, aber natürlich – man würde meinen, wenn er zurück ist, wäre es das Mindeste, was er mal tun könnte, dass er was für dich tut. Er ist noch nicht zurück? Er ist noch nicht wieder *hier*? Mona, was willst du mir eigentlich weismachen? Weil, gerade vorgestern Abend – Erzählt dir, er meldet sich, sobald er wieder zu Hause ist? Von allen niederträchtigen Gemeinheiten, die ich je mitbekommen habe, ist das wirklich die – Mona, Liebes, bitte, leg dich wieder hin. Bitte. Wieso, gar nichts habe ich gemeint. Ich weiß nicht, was ich sagen wollte, im Ernst, das war sicher nichts. Um Himmels willen, lass uns über etwas anderes reden.

Warte mal. Ja, du musst unbedingt Julia Posts Wohnzimmer sehen, wie sie es jetzt gemacht hat. Braune Wände – nicht beige, weißt du, oder hautfarben oder sonstwas, sondern richtig braun – und dazu diese cremefarbenen Taftvorhänge und – Mona, ich sage dir doch, ich weiß absolut nicht, was ich eben sagen wollte. Es ist vollkommen weg. Da kannst du mal sehen, wie unbedeutend es war. Liebes, bitte, bleib still liegen und versuch, dich zu entspannen. Bitte, vergiss diesen Mann überhaupt mal für ein paar Minuten. Kein Mann ist es wert, dass man sich derart echauffiert. Siehst du das vielleicht bei *mir*?

Du kannst nämlich nicht erwarten, dass du schnell wieder besser wirst, wenn du dich so aufregst. Das weißt du doch.

Bei welchem Arzt warst du eigentlich, Liebling? Oder willst du das nicht sagen? Bei deinem? Bei deinem Doktor Britton? Ist das dein Ernst? Also, bestimmt, ich hätte nie gedacht, dass der so was – Ja, Liebes, natürlich ist er Nervenspezialist. Jawohl. Ja, Liebes. Ja, Liebes, natürlich hast du völliges Vertrauen zu ihm. Ich wünschte nur, zu mir auch, gelegentlich; nachdem wir zusammen zur Schule gegangen sind und alles. Du müsstest eigentlich wissen, dass ich ganz und gar auf deiner Seite bin. Ich wüsste nicht, was du sonst hättest machen sollen. Du hast ja zwar immer gesagt, für ein Baby würdest du alles aufgeben, aber es wäre doch auch furchtbar unfair gegenüber dem Kind, wenn man es in die Welt setzen würde und nicht verheiratet wäre. Du müsstest ins Ausland gehen und könntest niemanden mehr sehen und – Aber selbst dann, irgendwer würde es mit Sicherheit irgendwann ausplaudern. Machen die doch immer. Du hast das einzig Mögliche getan, finde *ich*. Mona, um Himmels willen! Schrei doch nicht so. Ich bin ja nicht taub. Schon gut, Liebes, schon gut, schon gut, schon gut. Schon gut, selbstverständlich glaube ich dir. Natürlich nehme ich dir das ab. Jedes Wort. Nur versuch bitte, ruhig zu bleiben. Leg dich jetzt wieder hin, und ruh dich aus und genieß die Unterhaltung.

Jetzt hack doch nicht dauernd darauf herum. Ich habe dir hundertmal gesagt, mindestens, ich wollte überhaupt gar nichts sagen. Ich schwöre dir, ich kann mich nicht erinnern, *was* ich sagen wollte. »Vorgestern Abend?« Wann habe ich denn »vorgestern Abend« gesagt? So was habe ich nie – Also gut. Vielleicht ist es besser so, Mona. Je mehr ich darüber nachdenke, desto mehr finde ich, es ist viel besser für dich, wenn du es von mir hörst. Denn irgendjemand *muss* es dir sagen. Solche Sachen kommen immer raus. Und du hörst es ja doch auch lieber von deiner ältesten Freundin, nicht? Und der liebe Herrgott weiß, ich wäre zu allem fähig, wenn ich dir nur die Augen öffnen könnte, was das in Wirklichkeit für ein Mann ist!

Du musst dich nur entspannen, Liebling. Einfach meinetwegen. Liebes, Garry ist nicht in Chicago. Fred und ich haben ihn vor zwei Abenden im Comet Club tanzen sehen. Und Alice hat ihn Dienstag im El Rhumba gesehen. Und ich weiß nicht, wie viele Leute erzählt haben, sie hätten ihn im Theater oder in Nachtclubs oder sonstwo gesehen. Also, in Chicago kann er höchstens einen Tag oder so gewesen sein – falls er überhaupt hingefahren ist.

Nun, mit *ihr* war er da, als wir ihn sahen, Herzchen. Offenbar ist er die ganze Zeit mit ihr zusammen; kein Mensch sieht ihn je mit jemand anderem. Du musst dich wirklich damit abfinden, Liebes; das ist jetzt das Einzige. Ich höre überall, dass er ihr regelrecht in den Ohren liegen soll, damit sie ihn heiratet, aber ich weiß nicht, inwieweit das stimmt. Ich begreife wirklich nicht, warum er das wollen sollte, aber bei so einem Mann weiß man ja sowieso nie, was er tut und lässt. Es geschähe ihm allerdings recht, wenn er sie kriegte, wenn du *mich* fragst. Der würde sich ganz schön umgucken. Die würde sich nämlich seinen Quatsch nicht bieten lassen. Die würde sich den schon zurechtbiegen. Die ist gar nicht dumm.

Aber, uh, so *ordinär*. Als wir sie neulich Abend sahen, dachte ich: »Ja, die sieht einfach billig aus und sonst gar nichts.« Aber offensichtlich mag er das gerade. Ich muss schon sagen, er sah ja blendend aus. Sah, glaube ich, nie besser aus. Natürlich, du weißt ja, was ich von ihm halte, aber ich habe auch immer zugeben müssen, dass er einer der schönsten Männer ist, die ich im Leben gesehen habe. Ich kann schon verstehen, dass er auf alle Frauen anziehend wirkt – am Anfang. Bis sie dann mitkriegen, wie er in Wirklichkeit ist. Oh, wenn du ihn hättest sehen können, mit dieser grässlichen gewöhnlichen Kreatur, der kriegte seine Augen gar nicht von ihr weg und hing an jedem Wort, das sie sagte, als wenn es Perlen wären! Ich fand es einfach …

Mona, Engelchen, *weinst* du etwa? Also, Liebling, das ist nun wirklich albern. Dieser Mann ist keinen weiteren Gedanken wert. Du hast viel zu viel an ihn gedacht, das ist das Problem. Drei Jahre! Drei der besten Jahre deines Lebens hast du ihm geschenkt, und die ganze Zeit hat er dich hintergangen mit dieser Frau. Denk doch nur mal zurück, was du alles durchgemacht hast – und immer und immer und immer wieder hat er dir versprochen, dass er sie aufgibt; und du, du armes Dusselchen, du hast ihm immer wieder geglaubt, und er ist sofort wieder zu ihr gegangen. Und *alle* haben es gewusst. Stell dir das mal vor, und dann versuch noch mal, mir weiszumachen, dass der Mann *eine* Träne wert ist! Wirklich, Mona! Ich an deiner Stelle hätte mehr Stolz.

Weißt du, eigentlich bin ich froh, dass es passiert ist. Ich bin wirklich froh, dass du es weißt. Das war ein bisschen zu happig diesmal. In Chicago, also wirklich! Will sich melden, sowie er wieder hier ist! War doch wirklich das Freundlichste, was man für dich tun konnte, dass man es dir sagt und dich wieder zur Vernunft bringt.

Ich bedaure nicht, dass ich es war, nicht eine Sekunde. Wenn ich mir vorstelle, wie der sich draußen goldene Zeiten macht, und du liegst hier drin, todkrank, und nur wegen ihm, ich könnte ihn – Jawohl, wegen ihm. Auch wenn es keine – ich meine, auch wenn ich mich geirrt haben sollte, als ich sofort sicher war, was mit dir los ist, weil du so ein Geheimnis um dein Kranksein gemacht hast, er hat dich in einen Nervenzusammenbruch getrieben, und das ist ja wohl schlimm genug. Bloß wegen diesem Mann! So ein Stinktier! Du schlägst dir den jetzt endlich aus dem Kopf.

Wieso, natürlich kannst du, Mona. Du brauchst dich einfach nur zusammenzureißen, Kindchen. Sag dir einfach: »Gut, ich habe drei Jahre meines Lebens vergeudet, und jetzt ist Schluss.« Mach dir nur nie wieder Sorgen um *ihn*. Er macht sich weiß Gott keine um dich, Liebling.

Du bist nur so erregt, weil du so schwach und krank bist, Liebes. Ich weiß. Aber bald bist du wieder gesund. Du kannst noch etwas aus deinem Leben machen. Du musst, Mona, das weißt du. Denn letzten Endes – ich meine, natürlich hast du nie hübscher ausgesehen, das meine ich nicht; aber du – ich meine, du wirst auch nicht jünger. Und hier hast du deine Zeit aus dem Fenster geworfen, du hast dich nie mit deinen Freunden getroffen, bist nie ausgegangen, hast niemand Neues kennengelernt, du hast immer nur hier gesessen und gewartet, dass Garry anrief oder Garry kam – wenn er gerade nichts Besseres vorhatte. Drei Jahre lang hattest du keinen anderen Gedanken im Kopf als diesen Mann. Jetzt vergiss ihn endlich.

Ach, Kleines, das ist aber nicht gut für dich, wenn du so weinst. Bitte, lass es. Der ist nicht mal wert, dass man über ihn redet. Guck dir doch die Frau an, in die er verliebt ist, dann kannst du sehen, was für eine Sorte er ist. Du warst viel zu gut für ihn. Du warst viel zu lieb zu ihm. Du warst zu nachgiebig. Im selben Moment, wo er dich hatte, hat er dich nicht mehr gewollt. So einer ist das. Quatsch, er hat dich nie mehr geliebt als –

Mona, nicht! Mona, hör auf! Bitte, Mona! Du darfst nicht so reden, du darfst so etwas nicht sagen. Du musst aufhören zu weinen, sonst wirst du noch richtig krank. Hör auf, oh, hör auf damit, oh, hör bitte auf! Gott, was soll ich denn mit ihr machen? Mona, Liebes. Mona! Oh, wo um Himmels willen ist denn dieses dämliche Mädchen?

Edie. Oh. Edie! Edie, ich glaube, Sie müssen sofort Dr. Britton anrufen und ihm sagen, er soll herkommen und Miss Morrison etwas zum Beruhigen geben. Ich fürchte, sie ist ein bisschen aus der Fassung.

SENTIMENT
(Sentiment)

Oh, irgendwohin, *Herr Fahrer, irgendwohin – es ist egal. Fahren Sie einfach.*

Im Taxi hier ist es besser als eben dieses Herumlaufen. Es bringt nichts, wenn ich versuche spazieren zu gehen. Da blitzt immer plötzlich jemand durch die Menge, der aussieht wie er – jemand, der die Schultern schwingt wie er, der den Hut so schräg aufhat wie er. Und ich denke, er ist wieder da. Und mein Herz wird heiß wie Brühwasser, und die Häuser schwanken und biegen sich über mir zusammen. Nein, hier drin ist es besser. Aber der Fahrer soll bitte bloß schnell fahren, so schnell, dass die Vorbeigehenden eine graue, verschwommene Masse werden und ich schwingende Schultern und schräge Hüte gar nicht erkennen kann. Das ist schlimm, mitten im Verkehr anhalten, wie jetzt. Die

Leute gehen viel zu langsam, sind zu deutlich, und jeder Nächste könnte – Nein, natürlich, kann er nicht. Ich weiß das. Natürlich weiß ich es. Aber eigentlich, womöglich.

Außerdem können die Leute reingucken und mich sehen hier drin. Sie können sehen, ob ich weine. Ach, sollen sie – ist doch egal. Sollen sie doch gucken und über mich herziehen.

Ja, gucken Sie mich nur an. Gucken Sie und gucken Sie und gucken Sie, Sie arme, geplagte Trutsche. Hübsch, der Hut, was? Den soll man auch angucken. Deshalb ist er nämlich so groß und rot und neu, deshalb hat er so riesige weiche Mohnblüten obendrauf. Ihr armseliger Hut dagegen ist schlapp und aus der Fasson.

Sieht aus wie eine tote Katze, eine Katze, die jemand überfahren und dann einfach aus dem Weg geschubst hat, in die Gosse. Möchten Sie nicht auch lieber ich sein und einen neuen Hut haben können, wann immer es Ihnen in den Kram passt? Sie könnten auch schnell gehen, nicht wahr, und den Kopf hoch tragen und Ihre Füße vom Pflaster heben, wenn Sie einem neuen Hut entgegengingen, einem wunderschönen Hut, einem Hut, der mehr kostet, als Sie je besessen haben? Ich hoffe nur, Sie würden dann nicht so einen nehmen wie ich. Rot steht nämlich für Trauer. Scharlachrot für eine Liebe, die gestorben ist. Wussten Sie das etwa nicht?

Jetzt ist sie weg. Das Taxi fährt wieder, und sie bleibt für immer zurück. Möchte wissen, was sie gedacht hat, als unsere Augen und unsere Leben sich begegneten. Möchte wissen, ob sie mich beneidet hat, meine Geschmeidigkeit und Sicherheit und Jugend. Oder ob sie gemerkt hat, wie rasch ich alles, was ich habe, wegwerfen würde, könnte ich in meiner Brust das stille, tote Herz tragen, das sie in ihrer birgt. Sie hat keine Gefühle. Sie hat nicht einmal Wünsche. Sie hat's hinter sich, Hoffen und Brennen, falls sie jemals gebrannt und gehofft. Oh, das ist aber nett, hat richtig Schwung. Sie hat's hinter sich, Hoffen und Brennen, falls sie jemals – Ja, klingt hübsch. Ach ja – möchte wissen, ob sie ihrer trägen Wege etwas glücklicher weitergegangen ist oder, vielleicht, etwas trauriger, jetzt wo sie gesehen hat, da ist jemand noch schlechter dran als sie.

Das ist gerade so etwas, was er an mir gehasst hat. Ich weiß genau, was er jetzt sagen würde: »Oh, um Himmels willen!«, würde er sagen. »Kannst du nicht aufhören mit diesen albernen Sentimentalitäten? Warum musst du so sein? Warum *willst* du so sein? Bloß dass du eine alte Putzfrau auf der Straße siehst, ist noch lange kein Grund, in Geschluchze auszubrechen. Der geht's gut. Die kommt zurecht. »Als eure Augen und eure Leben sich begegnetem – ach, geh mir doch los. Die hat dich doch gar nicht gesehen. Und nichts da mit ›ihr stilles, totes Herz‹! Vermutlich ist sie gerade unterwegs, um sich eine Flasche Gin-Verschnitt zu besorgen und sich ein paar rauschende Stunden zu machen. Du musst nicht aus *allem* ein Drama machen. Du musst nicht *allen* Leuten anhängen, dass sie traurig sind. Warum bist du immer so sentimental? Hör auf damit, Rosalie.« Das würde er sagen. Ich weiß es.

Aber das wird er nicht, zu mir nicht, und auch sonst nichts, nie mehr. Nie mehr sonst ein Wort, ob süß oder bitter. Er ist weg, und er kommt nicht wieder. »Aber natürlich komme ich wieder!«, hat er gesagt. »Nein, ich weiß wirklich nicht, wann – das habe ich dir doch gesagt. Ach, Rosalie, jetzt mach nicht gleich ein nationales Trauerspiel daraus. Ein paar Monate werden's, vielleicht – und wenn je zwei Leute mal Ferien voneinander nötig hatten! Ist überhaupt kein Grund zum Heulen. Ich komme wieder. Hab nicht vor, ewig aus New York wegzubleiben.«

Aber ich wusste es. Ich wusste es. Ich wusste es, weil er mir schon, lange bevor er wegfuhr, fern war. Er ist weg, und er kommt nicht wieder. Er ist weg, und er kommt nicht wieder, er ist weg, und er kommt nie wieder. Hör auf die Reifen, die sagen das auch, immer und immer wieder. Das ist bestimmt auch sentimental. Reifen sagen gar nichts. Reifen können nicht reden. Trotzdem höre ich sie.

Möchte mal wissen, warum sentimental zu sein falsch sein soll. Die Leute sind so verächtlich gegenüber Gefühlen. »Könnte *mir* nicht passieren, allein rumzusitzen und zu brüten«, sagen sie. »Brüten« nennen sie es, wenn sie »sich erinnern« meinen, und sie sind so stolz darauf, keine Erinnerung zu haben. »Ich nehme nie irgendwas ernst«, sagen sie. »Ich könnte mir gar nicht vorstellen«, sagen sie, »dass mir irgendwas so viel ausmacht, dass es mir wehtun könnte.« Sie sagen: »Kein einziger Mensch könnte *mir* so viel bedeuten.« Und warum, warum finden sie, dass es so richtig ist?

Oh, wer macht was richtig und wer was falsch und wer entscheidet das? Vielleicht hatte ich ja doch recht mit der Putzfrau. Vielleicht *war* sie geplagt und *hatte* ein stilles Herz, und vielleicht hat sie, nur diesen Augenblick lang, wirklich alles über mich gewusst. Es muss gar nicht sein, dass es ihr gut geht und sie zurechtkommt und sich gerade Gin holt, bloß weil er das gesagt hat. Oh. Oh, hab ich ganz vergessen. Er hat das ja gar nicht gesagt. Er war gar nicht hier; er ist nicht hier. Ich war es, meine Vorstellung, was er sagen würde. Und ich dachte, ich hätte ihn gehört. Er ist immer bei mir, er mitsamt seiner ganzen Schönheit und Grausamkeit. Aber das darf er nicht mehr. Ich darf nicht mehr an ihn denken. Das ist es, denk einfach nicht mehr an ihn. Ja. Und lass auch gleich das Atmen. Hör nicht mehr. Sieh nicht mehr. Halt das Blut in deinen Adern an.

Ich kann so nicht weitermachen. Ich kann nicht, ich kann nicht. Ich kann dieses rasende Unglück nicht mehr aushalten. Wenn ich wüsste, in einem Tag oder einem Jahr oder zwei Monaten ist alles vorbei, dann käme ich da durch. Selbst wenn es manchmal dumpfer und manchmal wilder werden würde, es wäre zu ertragen. Aber es ist immer dasselbe, und es gibt kein Ende.

»Kummer schlägt sich auf mein Herz,
Wie unablässiger Regen, du.
Und man irrt und schreit vor Schmerz,
morgens scheint's ein schlimmer Scherz,
es nimmt nicht ab und nimmt nicht zu,
fängt nirgends an, geht nie zur Ruh.«

Oh, halt mal – wie geht noch die nächste Strophe? Irgendwas, irgendwas, irgendwas, irgendwas, irgendwas reimt sich auf »Schuh«. Jedenfalls, es hört auf mit:

»All mein Denken träg und trüb,
ob ich steh, ob sitz, ob lieg,
gar nichts zählt; nicht, ob ich krieg
das Kleid, nicht, ob die Schuh.«

Genau, so geht das Gedicht. Und es hat recht, es hat ja so recht. Was bedeuten mir Kleid und Schuh? Los, kauf dir einen roten Riesenhut mit Klatschmohn obendrauf – der muntert dich wieder auf. Ja, los, kauf ihn, und lass dich davon anekeln. Wie soll das bloß weitergehen, wenn ich immer nur rumsitze und glotze und rote Riesenhüte kaufe und sie hasse und dann wieder rumsitze und glotze – Tag für Tag für Tag für Tag? Morgen und morgen und dann wieder morgen. Wie soll ich da wohl durchkommen?

Aber was gibt's denn sonst für mich? »Geh aus, triff dich mit Freunden, und amüsier dich«, sagen sie. »Sitz nicht allein herum und mach ein Drama aus dir.« Ein Drama aus mir! Wenn es ein Drama ist, das Gefühl zu haben, ein dauernder – nein, ein unablässiger Regen schlägt mir aufs Herz, dann mache ich ein Drama aus mir. Diese hohlen Leute, diese kleinen Geister, woher wollen die wohl wissen, was Leiden ist, was könnte deren feiste Herzen schon zerreißen? Begreifen die nicht, diese Hohlköpfe, dass ich mich mit den Freunden, die wir zusammen besucht haben, nicht mehr treffen kann, dass ich da, wo er und ich zusammen waren, nicht mehr hingehen kann? Denn er ist weg, und es ist zu Ende. Zu Ende, zu Ende. Und wenn es zu Ende geht, dann sind nur noch die Orte, an denen man leiden gelernt hat, freundlich zu einem. Wenn man an die Schauplätze seines Glücks zurückkehrt, muss einem das Herz zerbersten vor lauter Qual.

Und das ist bestimmt auch sentimental. Es ist sentimental, wenn man genau weiß, dass man es nicht erträgt, die Orte zu sehen, an denen es einem einmal rundum gut gegangen ist, dass man nicht erträgt, an etwas totes Schönes erinnert zu werden. Leiden ist Ruhe, erinnert im Gefühl. Das – oh, ich glaube, das ist ziemlich gut. »Erinnert im Gefühl« – das ist wirklich eine gelungene Umkehrung. Ich wünschte, ich könnte ihm das sagen. Aber gar nichts werde ich ihm mehr sagen, nie mehr, nie, nie mehr. Er ist weg, und es ist aus, und ich muss mich hüten, an die toten Tage zu denken. All mein Denken träg und trüb, so muss das sein, und ich muss –

Oh, nein, nein, nein! Oh, der Fahrer soll nicht diese Straße nehmen! Das hier war unsere Straße, das hier ist der Ort unserer Liebe und unseres Lachens. Das halte ich nicht durch, ich kann nicht, ich kann nicht. Ich werde mich ducken und mir die Hände ganz, ganz fest über die Augen halten, und ich muss jetzt werden wie die kleinen, gemeinen Leute mit ihren vertrockneten Seelen und ihrem Stolz, keine Erinnerung zu haben.

Ach, aber ich sehe es ja, ich sehe es, obwohl meine Augen verdeckt sind. Selbst wenn ich gar keine hätte, mein Herz würde mir diese Straße beschreiben, genau diese eine. Ich kenne sie, wie ich meine Hände kenne, wie ich sein Gesicht kenne. Oh, warum kann man mich nicht sterben lassen, während wir durchfahren?

Wir müssen jetzt bei dem Blumenladen an der Ecke sein. Da ist er immer vorbeigegangen und hat mir Schlüsselblumen gekauft, kleine gelbe Schlüsselblumen, ganz viele und dicht gebunden, in ihrem Kranz aus Blättern, unten silbern, rein und fein und kühl. Er hat immer gesagt, Orchideen und Kamelien wären nicht mein Fall. Und wenn es nicht Frühling war und es keine Schlüsselblumen gab, dann hat er mir Maiglöckchen und bunte Röschen und Reseda und leuchtend blaue Kornblumen geschenkt. Er hat gesagt, er könnte den Gedanken an mich ohne Blumen nicht aushalten – das wäre einfach Unrecht; jetzt kann ich keine Blumen in der Nähe ertragen. Und der kleine graue Blumenhändler war immer so neugierig und so selig – und eines Tages hat er mich mit »Gnä' Frau« angeredet! Ach, ich kann nicht, ich kann nicht.

Und jetzt müssen wir bei dem großen Apartmenthaus mit dem großen goldenen Portier sein. Dieser Abend, als der Portier den niedlichen Welpen an einer langen, riesigen Leine hielt, und wir sind stehen geblieben und wollten mit dem Hündchen reden, und er hat es auf den Arm genommen und gehätschelt, und das war das einzige Mal, dass wir den Portier je haben lächeln sehen! Und gleich daneben ist das Haus mit dem Baby, und er hat immer den Hut gezogen und eine ganz feierliche Verbeugung gemacht vor der Kleinen, und manchmal hat sie ihm ihr Seestern-Händchen gegeben. Und dann kommt der Baum mit dem verrosteten Eisengeländer drumrum, an dem er immer stehen geblieben ist und sich umgedreht hat, um mir zu winken, während ich aus dem Fenster lehnte und ihm nachsah. Und die Leute guckten ihn an, denn die Leute mussten ihn immer angucken, aber er hat es nie gemerkt. Das ist unser Baum, hat er gesagt; der würde nicht im Traum jemand anderem gehören wollen. Und nur sehr wenige Stadtmenschen hätten ihren eigenen, persönlichen Baum, hat er gesagt. Ob mir das schon aufgefallen sei, hat er gesagt.

Und dann kommt das Haus von dem Arzt und dann drei schmale graue Häuser, und dann – o Gott, jetzt müssen wir bei unserem Haus sein! Es ist unser Haus, obwohl wir nur die oberste Etage hatten. Und ich liebte die endlose, dunkle Treppe, weil er sie jeden Abend hochstieg. Und unsere gestärkten rosa Vorhänge an den Fenstern und die Kästen mit den rosa Geranien, die immer für mich wuchsen. Und der förmliche kleine Eingang und der komische Briefkasten und sein Klingeln. Und ich, wie ich in der Dämmerung auf ihn warte und immer denke, er kommt nie mehr; trotzdem, auch das Warten war wunderbar. Und dann, wenn ich die Tür aufmachte, für ihn – O nein, nein, nein! Oh, niemand könnte das ertragen. Niemand, niemand.

Ach, warum, warum muss ich hier durchgefahren werden? Welche Folter könnte schrecklicher sein als das hier? Bestimmt ist es besser, wenn ich die Augen wieder frei mache und hingucke. Ich sehe mir jetzt unseren Baum und unser Haus noch einmal an, und dann wird mir das Herz zerbersten, und ich werde tot sein. Ich sehe es mir jetzt an, ich sehe es mir jetzt an.

Wo ist denn der Baum? Die können doch unseren Baum nicht gefällt haben – unseren Baum? Und wo ist das Apartmenthaus? Und wo ist der Blumenladen? Und wo – oh, wo ist denn unser Haus, wo ist denn –

Herr Fahrer, was ist das denn hier für eine Straße? Die Fünfundsechzigste? Oh. Nein, nichts, vielen Dank. Ich – ich hatte nur gedacht, es sei die Dreiundsechzigste …

NEW YORK – DETROIT
(New York to Detroit)

Detroit ist frei«, sagte die Stimme vom Amt.

»Hallo«, sagte die junge Frau in New York.

»Hallo?«, sagte der junge Mann in Detroit.

»Oh, Jack!«, sagte sie. »Oh, Liebling, wie wunderschön, dich zu hören. Du weißt ja nicht, wie sehr ich –«

»Hallo?«, sagte er.

»Ja? Kannst du mich nicht hören?«, sagte sie. »Aber wieso denn, ich höre dich, als ob du genau neben mir sitzt. Ist es so besser, Schatz? Kannst du mich jetzt hören?«

»Wen möchten Sie sprechen?«, sagte er.

»Dich, Jack!«, sagte sie. »Dich, dich. Hier ist Jean, Liebling. Ach bitte, versuch doch, mich zu hören. Hier ist Jean.«

»Wer?«, sagte er.

»Jean«, sagte sie. »Erkennst du denn meine Stimme nicht? Hier ist Jean, Schatz. Jean.«

»Ach hallo, ja«, sagte er. »Du. Ja, du lieber Gott. Wie geht's dir denn?«

»Ganz gut«, sagte sie. »Das heißt, nein, gar nicht, Liebling. Ich – ach, es ist ganz furchtbar. Ich halte das nicht mehr aus. Kommst du denn gar nicht wieder? Bitte, wann kommst du zurück? Du weißt ja gar nicht, wie schrecklich es ist ohne dich. Das geht jetzt schon so lange, Schatz – du hast doch gesagt, es seien nur vier, fünf Tage, und jetzt sind es schon fast drei Wochen. Es kommt mir vor wie Jahre. Ach, es ist so schrecklich, Liebling – es ist einfach –«

»Heh, tut mir ja furchtbar leid«, sagte er, »aber ich kann kein verdammtes Wort verstehen. Kannst du nicht lauter reden oder so?«

»Ich versuch's ja schon«, sagte sie. »So besser? Kannst du mich jetzt hören?«

»Hm – ja, jetzt geht's, ein bisschen«, sagte er. »Red nicht so schnell, ja? Was hast du eben gesagt?«

»Ich habe gesagt, es ist schrecklich ohne dich«, sagte sie. »Es dauert so lange, Schatz. Und ich habe kein Wort von dir gehört. Ich –

oh, ich bin eben fast verrückt geworden, Jack. Nicht mal eine einzige Postkarte, Liebster, oder ein –«

»Ehrlich, ich hatte keinen Moment Zeit«, sagte er. »Ich hab gearbeitet wie ein Idiot. Mein Gott, ich bin nur im Druck.«

»Oh, wirklich?«, sagte sie. »Das tut mir leid, Schatz. Es war albern von mir. Aber es war einfach – ach, es war einfach die Hölle, ohne irgendein Wort von dir. Ich dachte, du rufst vielleicht mal an und sagst mir gute Nacht, manchmal – weißt du, wie sonst auch, wenn du weg warst.«

»Wieso, das wollte ich auch, und zwar ziemlich oft«, sagte er, »aber dann dachte ich, du bist vielleicht aus oder so.«

»Ich war nicht aus«, sagte sie. »Ich war immer hier, ganz allein. Es war – es ist besser so, irgendwie. Ich will niemanden sehen. Alle fragen: ›Wann kommt denn Jack wieder?‹ und: ›Was hört man denn so von Jack?‹, und ich habe immer Angst, dass ich vor ihnen losheulen muss. Liebling, es tut so schrecklich weh, wenn sie nach dir fragen und ich dann sagen muss, ich –«

»Das ist die beschissenste Mistverbindung in meinem ganzen Leben«, sagte er. »Was tut dir weh? Was ist denn los?«

»Ich habe gesagt, es tut schrecklich weh, wenn die Leute mich nach dir fragen«, sagte sie, »und ich muss dann sagen – Ach, lass nur. Lass doch jetzt. Wie geht es dir, Schatz? Erzähl, wie es dir geht.«

»Och, ganz nett«, sagte er. »Bin nur hundemüde. Und du, alles klar?«

»Jack, ich – das wollte ich dir ja gerade sagen«, sagte sie. »Ich mache mir furchtbare Sorgen. Ich verliere noch den Verstand. Oh, was soll ich denn bloß tun, Schatz, was sollen wir bloß tun? Oh, Jack, Jack, Liebling!«

»Heh, wie soll ich dich eigentlich hören, wenn du so nuschelst?«, sagte er. »Kannst du nicht mal lauter reden? Sprich doch mal richtig in dies – wie heißt das Ding?«

»Ich kann's doch nicht durchs Telefon brüllen«, sagte sie. »Bist du nicht bei Sinnen? Weißt du denn nicht, was ich dir hier erzähle? Weißt du das gar nicht? Weißt du das gar nicht?«

»Ich geb's auf«, sagte er. »Erst nuschelst

du, und dann schreist du. Sieh mal, das hat doch keinen Sinn. Ich verstehe nichts bei dieser elenden Verbindung. Warum schreibst du mir nicht einen Brief, gleich morgen früh? Mach das doch, ja? Und ich schreibe dir auch, ja?«

»Jack, hör zu, hör zu!«, sagte sie. »Du hörst mir jetzt zu! Ich muss mit dir reden. Ich sage dir, ich bin fast verrückt. Bitte, Liebster, hör mir doch zu. Jack, ich –«

»Moment mal«, sagte er. »Da klopft jemand an der Tür. *Kommt rein. Ach du Scheibenhonig! Na los, rein, Jungs. Hängt die Mäntel in den Flur, und setzt euch. Der Scotch steht im Schrank, und Eis ist da im Kübel. Fühlt euch ganz wie zu Hause – tut einfach, als wärt ihr in einer ganz normalen Kneipe. Bin gleich bei euch.* Hallo? Hör mal, hier ist gerade ein Rudel Wahnsinniger eingefallen, und ich kann mich sowieso nicht mehr konzentrieren. Du setzt dich morgen schön hin und schreibst mir einen Brief. Ja?«

»Dir einen Brief schreiben!«, sagte sie. »Mein Gott, glaubst du etwa, ich hätte dir nicht schon längst geschrieben, wenn ich gewusst hätte, wo ich dich erreiche? Ich wusste ja nicht mal das, erst heute in deinem Büro haben sie es mir gesagt. Ich war ja so –«

»Ach ja, haben sie das?«, sagte er. »Ich dachte, ich – *Heh, haltet mal die Luft an. Lasst mich auch mal zum Zug kommen. Das Gespräch hier kostet 'ne Stange Geld.* Sag mal, sieh mal, das kostet dich doch ein Vermögen. Das musst du doch nicht machen.«

»Und du glaubst, das interessiert mich jetzt auch nur im Geringsten?«, sagte sie. »Ich sterbe, wenn ich jetzt nicht mit dir rede, Jack. Ich sage dir, ich sterbe. Liebster, was ist denn nur? Willst du gar nicht mit mir reden? Sag doch, warum bist du denn so? Ist es – magst du mich wirklich nicht mehr? Ist es das? Gar nicht?«

»Verdammt, ich höre nichts«, sagte er. »Gar nicht – was?«

»Bitte«, sagte sie. »Bitte, bitte. Bitte, Jack, hör mir zu. Wann kommst du zurück, Liebling? Ich brauche dich. Ich brauche dich so sehr. Wann kommst du denn wieder?«

»Wieso, darum geht es ja gerade«, sagte er. »Das wollte ich dir ja morgen schreiben. *Heh da, wie wär's, wenn ihr mal eine Minute die Klappe haltet? Auch Witze haben mal Pause.* Hallo? Hörst du mich gut? Also, sieh mal, wie es sich entwickelt hat, sieht es fast so aus, als ob ich erst noch nach Chicago muss. Riecht nach 'ner ziemlich großen Sache, wäre auch nicht für sehr lange, glaube ich. Sieht so aus, als müsste ich wohl nächste Woche hin.«

»Jack, nein!«, sagte sie. »Tu das nicht! Das kannst du doch nicht machen. Du kannst mich doch nicht so allein lassen. Ich muss dich sehen, Liebling. Ich muss einfach. Du musst zurückkommen, oder ich muss da zu dir kommen. Ich halte das nicht durch, Jack, ich kann nicht. Ich –«

»Hör mal, lass uns jetzt mal lieber gute Nacht sagen«, sagte er. »Hat doch keinen Sinn, dass ich mir solche Mühe gebe, dich zu verstehen, wenn du ewig so ein Zeug redest. Hier ist auch viel zu viel Trara – *Heh, macht doch mal halblang, okay? Mein Gott, ist das furchtbar. Soll ich aus der Wohnung fliegen?* Du gehst dich jetzt erst mal schön ausschlafen, und ich schreib dir morgen alles genau auf.«

»Hör zu!«, sagte sie. »Jack, du gehst jetzt nicht weg! Hilf mir, Liebling. Sag irgendwas, damit ich die Nacht überstehe. Sag, dass du mich liebst, um Gottes willen, sag, dass du mich noch liebst. Sag es. Sag es.«

»Du, ich kann jetzt nicht reden«, sagte er. »Das ist ja grausam hier. Ich schreibe dir morgen früh, gleich als Erstes. Mach's gut. Danke für den Anruf.«

»Jack!«, sagte sie. »Jack, geh nicht weg. Jack, warte doch mal. Ich muss mit dir reden. Ich will auch ruhig reden. Und nicht weinen. Ich will so sprechen, dass du mich verstehst. Bitte, Schatz, bitte –«

»Fertig mit Detroit?«, sagte die Stimme vom Amt.

»Nein!«, sagte sie. »Nein, nein, nein! Geben Sie ihn mir, geben Sie ihn mir sofort wieder! Stellen Sie durch. Nein, macht gar nichts. Macht jetzt überhaupt nichts. Gar nichts –«

DÄMMERUNG VOR DEM FEUERWERK
(Dusk Before Fireworks)

Er war in der Tat ein sehr gut aussehender junger Mann, wie geschaffen zur Belästigung. Seine Stimme war intim wie das Rascheln von Bettlaken, und er küsste leicht. Nicht aufzuzählen waren die Geschenke in Form von Charvet-Taschentüchern, *art-moderne-Aschenbechern*, monogrammbestickten Hausmänteln, goldenen Schlüsselanhängern und Zigarettenetuis aus dünnem Holz, eingelegt mit Ansichten von Pariser Vespasiennes, die ihm von allzu schnell zuversichtlichen Damen geschickt wurden und mit dem Geld ahnungsloser Ehemänner bezahlt waren, das überall auf der Welt akzeptabel ist. Jede Frau, die seine kleine, quadratische Wohnung besuchte, brannte sogleich vor Verlangen, deren Neudekoration in die Hand zu nehmen. Während seiner Mietzeit hatten drei verschiedene Damen diesen Ehrgeiz umgesetzt. Jede hatte, als kurzlebiges Denkmal, viel zu viel satinierten Chintz hinterlassen.

Der grelle Glanz des jüngsten Polstermaterials wurde jetzt von der Dämmerung eines Aprilabends gemildert. Ein weicher Schimmer von Violett und Grau lag auf Sesseln und Vorhängen anstelle des Tagesmusters aus bombastisch großen Klatschmohnpaaren und kleinen, traurigen Elefanten. (Die letzte der selbst ernannten Ausstatterinnen war eine Dame, die ihrem Wesen durch das Sammeln von jeglicher Art Elefanten, außer den lebenden oder ausgestopften, zusätzlichen Reiz verliehen hatte; ihre Wahl des Chintzes war weniger um des modernen Zuschnitts willen getroffen worden als in der Zuversicht, die melancholischen Erinnerungen an ihr Hobby und demgemäß auch an sie selbst immerdar wachzuhalten. Unglücklicherweise zeigten sich dann gerade die Mohnblumen, Sinnbilder des Vergessens, als im Muster vorherrschend.)

Der sehr gut aussehende junge Mann war in einem Sessel ausgestreckt, der keine Beine und eine niedrige Rückenlehne hatte. Es bedurfte einer gewissen Anstrengung, an diesem Sessel einen anderen Vorzug zu erkennen als einen forcierten Tribut an die Modernität. Zweifellos war er eine Gefahr für alle, die mit ihm umgingen; sie machten keineswegs den günstigsten Eindruck in seinen Armen, und sie hätten sich niemals wünschen können, so im Gedächtnis behalten zu werden, wie sie aussahen, wenn sie sich in seine Tiefen hinabließen oder sich aus ihnen wieder emporwanden. Das heißt, alle außer dem jungen Mann. Er war ein langer junger Mann, breit in den Schultern und an der Brust und schmal überall sonst, und seine Muskeln gehorchten augenblicklich jedem Befehl. Ob er aufstand oder lag, umherging oder regungslos war, stets geschah es in Anmut. Mehrere Männer konnten ihn nicht leiden, aber nur eine Frau hasste ihn wirklich. Das war seine Schwester. Sie war stämmig, und sie hatte strähniges Haar.

Auf dem Sofa gegenüber dem problematischen Sessel saß eine zierliche und ruhig gekleidete junge Frau. Ihr Kleid war nicht mehr als matte, dunkle Seide und ein wenig Chiffon, doch die regelmäßig dafür eintreffende Rechnung forderte, in grimmigem Schwarz und Weiß, eine Summe nahe an die Zweihundert. Der sehr gut aussehende junge Mann hatte einmal gesagt, dass er Frauen gern in unaufdringlicher und konservativer, aber tadellos gearbeiteter Garderobe sah. Die junge Frau war eine jener Unglücklichen, die sich an jedes Wort erinnern. Das setzte ihrem Wohlbefinden besonders zu, als sich später herausstellte, dass der junge Mann auch eine Schwäche für Damen hatte, die Kleidern von schludriger Machart zugeneigt waren und Farben ähnlich dem Klang großer Jahrmarkttrompeten den Vorzug gaben.

Die junge Frau war in den Augen der meisten Betrachter gemäßigt hübsch; aber es gab einige, hauptsächlich von der Hand in den Mund lebende Personen, Künstler und dergleichen, die sich an ihr nicht sattsehen konnten. Ein halbes Jahr zuvor war sie noch lieblicher anzuschauen gewesen. Jetzt lag Spannung um ihren Mund und Unruhe auf ihrer Stirn, und ihre Augen sahen müde und bekümmert drein. Das sanfte Dämmerlicht stand ihr gut. Der junge Mann, der es mit ihr teilte, konnte all dies nicht sehen.

Sie streckte die Arme in die Höhe und verschränkte die Finger über dem Kopf.

»Ah, das ist angenehm«, sagte sie. »Es ist angenehm, hier zu sein.«

»Es ist angenehm und friedlich«, sagte er. »O Gott. Warum können die Menschen nicht einfach friedlich sein? Das ist doch nicht zu viel verlangt, oder? Warum muss es nur ständig solchen Ärger geben?«

Sie ließ die Hände in den Schoß sinken.

»Den muss es überhaupt nicht geben«, sagte sie. Sie hatte eine ruhige Stimme, und sie sprach jedes ihrer Worte mit der ihm gebührenden Höflichkeit aus, als ob sie Achtung vor der Sprache hätte. »Es bräuchte nie Ärger zu geben.«

»Es gibt aber eine ganze Menge davon, Liebste«, sagte er.

»Gewiss gibt es das«, sagte sie. »Es gibt genauso viel Ärger wie Hunderte von kleinen schrillen, überflüssigen Menschen. Es sind die Zweitklassigen, die Ärger anrichten, nicht die Erstklassigen. Du brauchtest nie wieder einen

Hauch davon in deinem wunderbaren Leben zu haben, wenn – verzeih bitte meinen Fingerzeig – du es nur fertigbrächtest, dich gegen diese Horde keifender Weiber abzuschirmen, die deinem leicht überfüllten Bekanntenkreis angehören, mein Guter. Du, ich meine das wirklich, Hobie, Schätzchen. Ich habe dir das schon so lange einmal sagen wollen. Aber es ist schauderhaft schwer auszusprechen. Wenn ich es ausspreche, dann lässt mich das genau wie eine von denen klingen – lässt mich billig und eifersüchtig erscheinen. Sicher weißt du, nach all dieser Zeit, dass ich das nicht bin. Ich mache mir nur einfach solche Sorgen um dich. Du bist so edel, du bist so liebenswert, dass es mich fast umbringt mitanzusehen, wie du von einem Haufen Weiber wie Margot Wadsworth und Mrs. Holt und Evie Maynard und Ähnlichen verschlungen wirst. Du bist doch so viel besser. Du weißt, dass ich es nur deshalb sage. Du weißt, dass ich nicht die Spur Eifersucht in mir habe. Eifersüchtig! Du lieber Himmel, wenn ich eifersüchtig sein wollte, dann wäre ich es auf jemanden, der es wert ist, und nicht auf blöde, dumme, faule, nichtswürdige, selbstsüchtige, hysterische, ordinäre, liederliche, sexbesessene – «

»Liebling!«, sagte er.

»Na ja, tut mir leid«, sagte sie. »Es tut mir so leid. Ich wollte mich damit wirklich nicht über gewisse Freundinnen von dir auslassen. Vielleicht ist ja die Art, wie sie sich benehmen, nicht ihre Schuld«, sagte sie unwahrheitsgemäß. »Schließlich kann man nicht erwarten, dass sie wissen, wie es ist. Die Ärmsten, sie werden nie wissen, wie schön es sein kann, wie herrlich es immer ist mit uns beiden allein. So ist es doch, oder? Ach, Hobie, ist es nicht so?«

Der junge Mann hob seine trägen Lider und sah sie an. Er lächelte mit einem Winkel seines wundervoll geschwungenen Mundes.

»M-hm«, sagte er.

Er wandte die Augen von ihr ab und machte sich an einem Aschenbecher und einer erloschenen Zigarette zu schaffen. Aber er lächelte noch immer.

»Bitte nicht«, sagte sie. »Du hast versprochen, dass du nicht mehr erwähnst – was letzten Mittwoch war. Du hast gesagt, dass du nie wieder daran denkst. Ach, was hat mich nur dazu gebracht! Szenen machen. Wutanfälle. In die Nacht hinausrennen. Und dann zurückgekrochen kommen. Ich, die dir beweisen wollte, wie anders eine Frau sein kann! O bitte, bitte, lass uns nicht mehr daran denken. Nur sag mir, dass ich nicht so schrecklich war, wie ich weiß, dass ich war.«

»Liebling«, sagte er, denn er war oft ein junger Mann einfacher Worte, »du warst das Schlimmste, was ich je erlebt habe.«

»Also sprach Sir Hubert persönlich!«, sagte sie. »Oje. Oje, oje. Was kann ich bloß sagen? ›Entschuldigung‹ ist nicht annähernd genug. Ich bin niedergeschmettert. Ich bin am Boden zerstört. Würdest du bitte etwas unternehmen, um mich wieder ganz zu machen?«

Sie streckte die Arme nach ihm aus.

Der junge Mann stand auf, kam herüber zum Sofa und küsste sie. Er hatte einen kurzen, gutmütigen Kuss vorgehabt, einen kurzen Halt auf seinem beabsichtigten Abstecher hinaus in die kleine Küche, um dort Cocktails zu mixen. Aber ihre Arme umklammerten ihn so fest und so freudig, dass er den Plan aufgab. Er zog sie auf die Füße und verließ sie nicht.

Bald darauf bewegte sie den Kopf und verbarg ihr Gesicht über seinem Herzen.

»Hör zu«, sagte sie in den Stoff. »Ich möchte es jetzt einmal aussprechen und dann nie wieder davon anfangen. Ich möchte dir sagen, dass es so etwas wie letzten Mittwoch nie, nie wieder geben wird. Was uns verbindet, ist viel zu schön, um jemals in den Schmutz gezogen zu werden. Ich verspreche, oh, ich verspreche dir, ich werde nie wie – wie all die anderen sein.«

»Das könntest du auch gar nicht, Kit«, sagte er.

»Ach, denke das immer«, sagte sie, »und sag es manchmal. Es ist so schön zu hören. Ja, Hobie?«

»Für deine Größe«, sagte er, »redest du furchtbar viel.« Seine Finger glitten unter ihr Kinn, und er hielt ihr Gesicht der größeren Bequemlichkeit halber fest.

Nach einer Weile bewegte sie sich wieder.

»Rate mal, wer ich jetzt, in diesem Moment, lieber wäre als irgendjemand sonst auf der Welt«, sagte sie.

»Wer denn?«, sagte er.

»Ich«, sagte sie.

Das Telefon läutete.

Das Telefon war im Schlafzimmer des jungen Mannes, wo es in häufigem Schweigen auf dem Tischchen neben seinem Bett stand. Das Schlafgemach besaß keine Tür; ein Sachverhalt, der auch Nachteile hatte. Nur ein mit einem Vorhang versehener Bogen trennte diesen intimen Bereich vom Wohnzimmer. Ein weiterer Bogen, von dem ebenfalls Chintz flutete, führte vom Schlafzimmer in einen winzigen Flur, an dem das Badezimmer und die kleine Küche lagen. Nur durch das Betreten eines dieser beiden Räume, das Schließen der Tür hinter sich und das volle Aufdrehen der Wasserhähne konnte es eine zweite in der Wohnung befindliche Person vermeiden mitzuhören, was am Telefon gesprochen wurde. Der junge Mann dachte manchmal daran, in eine Wohnung von besser abgestimmter Anordnung umzuziehen.

»Das verdammte Telefon klingelt«, sagte der junge Mann.

»Ja«, sagte die junge Frau. »Ausgerechnet jetzt.«

»Lass uns einfach nicht drangehen«, sagte er. »Soll es doch einfach weiterklingeln.«

»Nein, das musst du nicht«, sagte sie. »Ich muss groß und stark sein. Außerdem ist es vielleicht nur jemand, der gerade gestorben ist und dir zwanzig Millionen Dollar hinterlassen hat. Vielleicht ist es ja gar keine andere Frau. Und wenn doch, was macht das mir schon aus? Siehst du, wie lieb und vernünftig ich bin? Schau nur, wie großzügig ich bin.«

»Das kannst du dir auch leisten, Herzchen«, sagte er.

»Das weiß ich«, sagte sie. »Schließlich, wer immer sie auch ist, sie ist weit fort am Ende einer Leitung, und ich bin hier.«

Sie lächelte zu ihm hinauf. Daher dauerte es fast eine halbe Minute, bis er zum Telefon ging.

Noch immer lächelnd, beugte die junge Frau den Kopf zurück, schloss die Augen und breitete die Arme weit aus. Ein langer Seufzer hob ihre Brust. So stand sie da und ließ sich dann wieder auf dem Sofa nieder. Sie versuchte leise zu pfeifen, doch die hervorkommenden Töne wollten nicht der gewünschten

Melodie ähneln, und sie fühlte sich, obwohl beteiligt, vage im Stich gelassen. Dann blickte sie sich in dem von der Dämmerung erfüllten Zimmer um. Dann bedachte sie ihre Fingernägel, wobei sie die geschlossene Hand jeweils dicht vor die Augen hielt, und fand nichts auszusetzen. Dann strich sie ihren Rock über den Beinen glatt und schüttelte die Chiffonrüschen an ihren Handgelenken aus. Dann breitete sie ihr Taschentüchlein auf den Knien aus und fuhr mit exquisiter Sorgfalt dem »Katherine« nach, das in Schreibschrift in eine seiner Ecken eingestickt war. Dann gab sie es auf und hörte nur noch zu.

»Ja?«, sagte der junge Mann. »Hallo? Hallo. Ich habe Ihnen doch gesagt, dass hier Mr. Ogden ist. Nun, ich bin ja am Apparat. Ich bin schon die ganze Zeit am Apparat. Sie waren plötzlich weg, nicht ich. Hallo? Also jetzt hören Sie mal – Hallo? Heh. Verdammt noch mal, was soll das? Nun melden Sie sich doch. Fräulein! Hallo, ja, hier ist Mr. Ogden. Wer? Oh, hallo, Connie. Wie geht es dir, Schätzchen? Was? Du bist was? Oh, das ist aber schade. Was ist los? Und warum kannst du nicht? Wo bist du, in Greenwich? Ah, ich verstehe. Wann, jetzt? Tja, Connie, es ist nur so, dass ich gleich weggehen muss. Wenn du also jetzt in die Stadt kämst, dann wäre das nicht sehr –. Also das geht wirklich nicht, Schätzchen. Ich lasse die Leute ja bereits warten. Ich sage, dass ich jetzt schon spät dran bin, ich wollte gerade aus dem Haus gehen, als du angerufen hast. Tja, das kann ich eigentlich nicht sagen, Connie, weil nicht abzusehen ist, wann ich mich loseisen kann. Schau, warum wartest du nicht und kommst erst morgen in die Stadt? Was? Kannst du mir das nicht jetzt sagen? Oh –. Tja –. Also, Connie, es besteht kein Grund, so zu reden. Aber selbstverständlich würde ich alles nur Menschenmögliche tun, aber ich sage dir doch, dass ich heute Abend nicht kann. Nein, nein, nein, nein, nein, das ist es überhaupt nicht. Nein, überhaupt nichts dergleichen, wenn ich es dir doch sage. Es sind Freunde meiner Schwester, und es ist einfach etwas, um das man nicht herumkommt. Sei doch ein braves Mädchen, und geh früh zu Bett, und dann fühlst du dich morgen auch wieder besser, ja? Hm? Machst du das? Was? Aber natürlich, Connie. Ich versuche es später, wenn ich kann, Schätzchen. Na schön, wenn du willst, aber ich weiß nicht, um wie viel Uhr ich nach Hause komme. Natürlich tue ich das. Natürlich tue ich das. Ja, *bitte*, Connie. Sei ein braves Mädchen, ja? Wiederhören, Schätzchen.«

Der junge Mann kehrte durch den Chintz zurück. Er sah ziemlich mitgenommen aus. Was ihm natürlich gut stand.

»Gott«, sagte er nur.

Die junge Frau auf dem Sofa sah ihn an wie durch pures Eis.

»Und wie *geht* es der lieben Mrs. Holt?«, sagte sie.

»Großartig«, sagte er. »Prima. In fabelhafter Form.« Er ließ sich erschöpft in den tiefen Sessel sinken. »Sie sagt, sie hat mir etwas mitzuteilen.«

»Es kann ja wohl nicht ihr Alter sein«, sagte sie.

Er lächelte ohne Begeisterung. »Sie sagt, es sei zu ernst, ums am Telefon zu sagen«, sagte er.

»Dann könnte es doch ihr Alter sein«, sagte sie. »Sie hat Angst, es könnte sich wie ihre Telefonnummer anhören.«

»Etwa zweimal in der Woche«, sagte er, »hat Connie etwas, das sie einem sofort mitteilen muss und das sie unter keinen Umständen dem Telefon anvertrauen kann. In der Regel stellt sich dann heraus, dass sie den Butler wieder beim Trinken erwischt hat.«

»Ich verstehe«, sagte sie.

»Tja«, sagte er. »Arme kleine Connie.«

»Arme kleine Connie«, sagte sie. »Oh, mein Gott. Diese Säbelzahntigerin. Arme kleine Connie.«

»Liebling, warum müssen wir unsere Zeit über Connie Holt verschwenden?«, sagte er. »Können wir nicht einfach friedlich sein?«

»Nicht, solange diese Bestie die Gassen durchstreift«, sagte sie. »Kommt sie heute Abend noch in die Stadt?«

»Tja, sie wollte«, sagte er, »aber dann hat sie mehr oder weniger gesagt, dass sie doch nicht kommt.«

»Oh, die kommt«, sagte sie. »Du solltest mal schleunigst aus dieser Traumwelt herabsteigen. Sie wird wie von der Tarantel gestochen aus Greenwich herausschießen, wenn sie glaubt, dass eine Möglichkeit besteht, dich zu sehen. Ach, Hobie, du willst die alte Schachtel doch nicht tatsächlich sehen, stimmt's? Stimmt's? Denn wenn du das willst – Tja, vermutlich willst du das doch. Sicher, wenn sie etwas hat, das sie dir sofort mitteilen muss, dann möchtest du sie natürlich sehen. Schau, Hobie, du weißt, dass du mich jederzeit sehen kannst. Es ist überhaupt nicht wichtig, dass du mich heute Abend siehst. Warum rufst du nicht Mrs. Holt an und sagst ihr, sie soll den nächsten Zug nehmen? Mit dem Zug wäre sie doch schneller hier als mit dem Auto, nicht wahr? Bitte lass dich nicht abhalten. Ich habe nichts dagegen. Wirklich nicht.«

»Weißt du«, sagte er, »ich wusste, dass das kommen würde. Ich konnte es schon daran erkennen, wie du warst, als ich vom Telefon zurückkam. Oh, Kit, was bringt dich nur dazu, so zu reden? Du weißt verdammt gut, das Letzte, was ich will, ist, Connie Holt sehen. Du weißt, wie sehr ich bei dir sein möchte. Warum musst du eine solche Staatsaktion daraus machen? Ich habe dich beobachtet, wie du dagesessen bist und dich absichtlich hineingesteigert hast, aus heiterem Himmel. Was soll das Ganze? Herrgott, was haben die Frauen bloß?«

»Bitte nenne mich nicht ›Frauen‹«, sagte sie.

»Es tut mir leid, Liebling«, sagte er. »Ich wollte nichts Unanständiges sagen.« Er lächelte sie an. Sie fühlte ihr Herz dahinschmelzen, aber sie tat ihr Bestes, sich nicht so leicht überreden zu lassen.

»Zweifellos«, sagte sie, und ihre Worte fielen wie Schnee bei Windstille, »habe ich unüberlegt gesprochen. Falls ich, was wohl der Fall gewesen sein muss, etwas gesagt habe, das dich gekränkt haben sollte, so kann ich dich nur bitten, mir zu glauben, dass das ein Malheur meinerseits war und nicht meine Absicht. Die Höflichkeit schien mir lediglich zu gebieten, dich darauf hinzuweisen, dass du dich nicht verpflichtet fühlen musst, den Abend mit mir zu verbringen, wenn du eigentlich lieber in Gesellschaft von Mrs. Holt sein möchtest. Ich hatte nur das Gefühl – Ach, zum Teufel damit. Ich bring es einfach nicht fertig. Natürlich habe ich es nicht ernst gemeint, Liebster. Wenn du gesagt hättest: ›Na schön‹ und hingegangen wärst und ihr gesagt hättest, sie solle kommen, dann wäre ich gestorben. Ich habe es nur gesagt, weil ich dich sagen hören wollte, dass du bei mir sein willst. Ach, ich brauch es so, dich das sagen zu hören, Hobie. Es ist – es ist das, was mich am Leben erhält, Liebling.«

»Kit«, sagte er, »das solltest du eigentlich wissen, auch ohne dass ich es sage. Du weißt das doch. Das Gefühl zu haben, Dinge aussprechen zu müssen – *das* macht alles kaputt.«

»Vermutlich ist das so«, sagte sie. »Vermutlich weiß ich das sogar. Nur – nur, ich bin so durcheinander, dass ich einfach – ich kann einfach so nicht weitermachen. Ich muss es hin und wieder bestätigt bekommen. Am Anfang brauchte ich es nicht, als alles noch so heiter und sicher war, aber jetzt – nun, jetzt ist es eben nicht mehr so. Es scheint so viele andere zu geben, dass – Darum brauche ich es so schrecklich, dass du mir sagst, dass es nur mich und sonst niemanden gibt. Oh, ich habe es vorhin einfach gebraucht, dass du mir das sagst. Schau mal, Hobie. Was glaubst du, wie ich mir vorkomme, wenn ich hier sitze und höre, wie du Connie Holt anlügst – wenn ich dich sagen höre, du müsstest mit Freunden deiner Schwester ausgehen? Warum konntest du denn nicht sagen, dass du eine Verabredung mit mir hast? Schämst du dich meiner, Hobie? Ist das der Grund?«

»Oh, Kit«, sagte er, »um Himmels willen! Ich weiß nicht, warum ich das gesagt habe. Ich hab es gesagt, ohne auch nur nachzudenken. Ich hab es – na, irgendwie instinktiv gesagt, nehme ich an, weil das das Einfachste war. Vermutlich bin ich einfach schwach.«

»Nein!«, sagte sie. »Du und schwach? Also wirklich! Hast du noch irgendwelche Neuigkeiten auf Lager?«

»Aber ich weiß es doch«, sagte er. »Ich weiß, dass es schwach ist, alles Erdenkliche zu tun, nur um einer Szene aus dem Weg zu gehen.«

»Was genau«, sagte sie, »bedeutet dir eigentlich Mrs. Holt und du ihr, dass sie eine Szene machen könnte, wenn sie erfährt, dass du eine Verabredung, mit einer anderen Frau hast?«

»O Gott!«, sagte er. »Ich habe dir doch gesagt, dass mir Connie Holt völlig schnuppe ist.

Sie bedeutet mir gar nichts. Willst du jetzt um Gottes willen damit aufhören?«

»Oh, sie bedeutet dir gar nichts«, sagte sie. »Ich verstehe. Deshalb hast du sie also nach jedem Wort ›Schätzchen‹ genannt.«

»Falls ich das getan habe«, sagte er, »dann hab ich's nicht bemerkt. Herrgott, das hat doch nichts zu bedeuten. Es ist nichts als eine – eine Art Nervosität vermutlich. Ich sag es, wenn ich nicht weiß, wie ich jemanden anreden soll. Ich nenne sogar das Fräulein vom Amt ›Schätzchen‹.«

»Ganz bestimmt!«, sagte sie.

Sie starrten sich an. Es war der junge Mann, der als Erster nachgab. Er ging und setzte sich dicht neben sie auf das Sofa, und eine Zeit lang war nur Gemurmel. Dann sagte er: »Hörst du jetzt auf? Hörst du damit auf? Willst du immer genau wie jetzt sein – einfach lieb und so, wie du eigentlich sein solltest, und kein Krach?«

»Ja«, sagte sie. »Ehrlich, ich meine es. Wir wollen nie wieder etwas zwischen uns kommen lassen. Wer ist schon Mrs. Holt! Der Teufel soll sie holen.«

»Der Teufel soll sie holen«, sagte er. Es herrschte abermals Stille, während der junge Mann mehrere Dinge tat, auf die er sich außerordentlich gut verstand.

Plötzlich machte die junge Frau ihre Arme steif und schob ihn von sich weg.

»Und woher weiß ich«, sagte sie, »ob du so, wie du mit mir über Connie Holt sprichst, nicht auch mit ihr über mich sprichst, wenn ich nicht dabei bin? Woher weiß ich das?«

»O mein Gott«, sagte er. »O du lieber, gütiger Gott. Gerade, wo alles in Ordnung war. Ach, hör auf damit, Kindchen, bitte. Lass uns einfach ganz ruhig sein. So. Siehst du?«

Etwas später sagte er: »Hör mal, Süßes, wie wäre es mit einem Cocktail? Wäre das nicht eine gute Idee? Ich mach welche. Und möchtest du gerne das Licht anhaben?«

»O nein«, sagte sie. »Mir gefällt es besser in der Dämmerung, so wie jetzt. Das ist schön. Dämmerung ist irgendwie so persönlich. Und dabei kann man auch die Lampenschirme nicht sehen. Hobie, wenn du wüsstest, wie ich deine Lampenschirme hasse!«

»Ehrlich?«, sagte er mit eher erstaunter als

gekränkter Stimme. Er schaute die Schirme an, als sähe er sie zum ersten Mal. Sie waren aus Pergament, oder einem ähnlichen Material, und auf jeden war ein Panorama des rechten Seine-Ufers gemalt, in dem die winzigen Fenster der Gebäude, auf Anweisung eines überragenden Geistes, ausgeschnitten waren, damit Licht durchkommen konnte. »Was ist damit, Kit?«

»Liebster, wenn du das nicht weißt, dann kann ich es dir nie erklären«, sagte sie. »Unter anderem sind sie abgeschmackt, unpassend und unschön. Sie sind genau das, was Evie Maynard aussuchen würde. Sie glaubt, nur weil sie Ansichten von Paris zeigen, seien sie geradezu wahnsinnig mondän. Sie ist der nicht ungewöhnliche Typ Frau, der jede Anspielung auf *la belle France* für eine Aufforderung zum Tanz hält. ›Nicht ungewöhnlich‹. Wenn das nicht das freundlichste Wortgemälde ist, das je gemalt wurde von dieser –«

»Gefällt es dir denn nicht, wie sie die Wohnung renoviert hat?«, sagte er.

»Herzchen«, sagte sie, »ich finde es abscheulich. Das weißt du.«

»Möchtest du sie gerne neu herrichten?«, sagte er.

»Ganz bestimmt nicht«, sagte sie. »Sag mal, Hobie, erinnerst du dich nicht mehr an mich? Ich bin diejenige, die deine Wohnung *nicht* renovieren will. Kannst du mich jetzt wieder einordnen? Aber falls ich es je tatsächlich tun sollte, dann würde ich als Erstes die Wände in zartem Hellgrau streichen – nein, vermutlich würde ich zuerst den ganzen Chintz herunterreißen und zum Fenster hinauswerfen, und dann würde ich –«

Das Telefon läutete.

Der junge Mann warf der jungen Frau einen betretenen Blick zu und saß dann regungslos da. Das Schrillen des Apparats zerschnitt die Dämmerung wie eine kleine Schere.

»Ich glaube«, sagte die junge Frau mit ausgesuchter Artigkeit, »dass dein Telefon läutet. Lass dich durch mich nicht davon abhalten, es zu beantworten. Im Übrigen muss ich mir ohnehin dringend die Nase pudern.«

Sie sprang auf, stürmte durch das Schlafzimmer und ins Badezimmer. Man hörte das Geräusch einer sich schließenden Tür, das

Knirschen eines entschlossen umgedrehten Schlüssels und dann unverzüglich das Rauschen von fließendem Wasser.

Als sie nach einer Weile in das Wohnzimmer zurückkehrte, goss der junge Mann gerade eine helle, kalte Flüssigkeit in kleine Gläser. Er reichte ihr eines und lächelte sie über das Glas hinweg an. Es war sein melancholisches Lächeln, eines seiner besten.

»Hobie«, sagte sie, »gibt es hier irgendwo in der Nähe einen Reitstall, wo sie wilde Pferde vermieten?«

»Was?«, sagte er.

»Denn wenn es das gibt«, sagte sie, »dann wünschte ich, du würdest dort anrufen und darum bitten, dass man zehn herüberschickt. Ich möchte dir nämlich beweisen, dass sie mich nicht dazu bringen könnten zu fragen, wer am Telefon war.«

»Oh«, sagte er und nippte an seinem Cocktail. »Ist er trocken genug, Süßes? Du magst sie doch trocken, stimmt's? Ist er dir auch bestimmt recht so? Wirklich? Oh, warte einen Moment, Liebling. Lass *mich* deine Zigarette anzünden. So. Ist es dir auch wirklich recht so?«

»Ich halte das nicht aus«, sagte sie. »Ich habe gerade meine ganze Entschlusskraft verloren – vielleicht findet das Dienstmädchen sie morgen früh auf dem Fußboden. Hobart Ogden, wer war das am Telefon?«

»Oh, das?«, sagte er. »Tja, das war eine gewisse Dame, die ungenannt bleiben soll.«

»Das sollte sie wohl tatsächlich«, sagte sie. »Zweifellos hat sie auch alle anderen Qualitäten einer –. Nun, ich habe es nicht ausgesprochen, ich bewahre kaltes Blut. Ach, Liebster, war das wieder Connie Holt?«

»Nein, das war ja das Komische«, sagte er. »Das war Evie Maynard. Wo wir doch gerade von ihr gesprochen haben.«

»Tja ja, tja ja«, sagte sie. »Die Welt ist doch klein. Und was geht ihr so durch den Kopf, wenn ich ihr derart schmeicheln darf? Ist ihr Butler auch betrunken?«

»Evie hat keinen Butler«, sagte er. Er versuchte wieder zu lächeln, fand es jedoch besser, davon abzulassen und mit Umsicht das Glas der jungen Frau aufzufüllen. »Nein, sie ist nur überspannt, wie immer. Sie gibt eine Cocktailparty in ihrer Wohnung, und jetzt wollen sie alle einen Bummel durch die Stadt machen, das ist alles.«

»Glücklicherweise«, sagte sie, »musstest du ja mit diesen Freunden deiner Schwester ausgehen. Du wolltest gerade aus dem Haus gehen, als sie anrief.«

»Das habe ich überhaupt nicht zu ihr gesagt!«, sagte er. »Ich habe gesagt, dass ich eine Verabredung hätte, auf die ich mich schon die ganze Woche gefreut habe.«

»Oh, du hast doch nicht etwa irgendwelche Namen erwähnt?«, sagte sie.

»Dazu besteht kein Anlass, bei Evie Maynard«, sagte er. »Das geht sie nichts an, genauso wenig wie das, was sie tut und mit wem sie es tut, mich etwas angeht. Sie bedeutet nichts in meinem Leben. Das weißt du. Ich habe sie kaum gesehen, seit sie die Wohnung eingerichtet hat. Es ist mir gleichgültig, ob ich sie wiedersehe. Es wäre mir sogar recht, wenn ich sie nie wiedersehen würde.«

»Ich glaube, das ließe sich einrichten, falls dir das wirklich am Herzen liegen sollte«, sagte sie.

»Nun, ich tue, was ich kann«, sagte er. »Sie wollte gleich auf einen Cocktail herkommen, sie und ein paar von diesen Raumausstatter-Knaben, die sie bei sich hat, und ich habe klipp und klar Nein gesagt.«

»Und du glaubst, das würde sie abhalten?«, sagte sie. »O nein. Die wird herkommen. Die und ihre gefiederten Freunde. Lass mich mal sehen – sie müssten eigentlich ziemlich genau in dem Moment eintreffen, in dem Mrs. Holt es sich überlegt hat und in die Stadt gekommen ist. Tja. Das trifft sich ja dann alles zu einem gemütlichen Abend.«

»Ein toller Abend«, sagte er. »Und wenn ich das sagen darf, du tust alles in deiner Macht Stehende, um ihn noch schlimmer zu machen, du kleines Süßes.« Er schenkte wieder Cocktails ein. »Oh, Kit, warum musst du so gemein sein? Hör auf, Liebling. Es sieht dir gar nicht ähnlich. Es steht dir gar nicht.«

»Ich weiß, dass es scheußlich ist«, sagte sie. »Es ist – na ja, ich tue es wohl nur aus Notwehr, Hobie. Wenn ich keine gemeinen Dinge sagen würde, dann würde ich losheulen. Ich habe Angst zu heulen; es würde so lange dauern, bis ich aufhören könnte. Ich – ach, ich bin so gekränkt, Lieber. Ich weiß nicht, was ich glauben soll. All diese Frauen. All diese schrecklichen Frauen. Wenn sie vornehm wären, wenn sie nett und freundlich und gescheit wären, dann würde mir das nichts ausmachen. Oder vielleicht doch. Ich weiß es nicht. Ich weiß eigentlich überhaupt nichts mehr. In meinem Kopf dreht sich alles. Ich dachte, was uns verbindet, sei etwas ganz Besonderes. Tja – das war es wohl nicht. Manchmal glaube ich, dass es besser wäre, ich sähe dich nie wieder. Aber dann weiß ich, dass ich das nicht aushalten könnte. Ich bin schon zu tief drin. Ich würde alles tun, um bei dir zu sein! Und darum bin ich für dich nur eine von vielen. Und früher war ich doch an erster Stelle, Hobie – oh, das war ich! Das war ich!«

»Das warst du!«, sagte er. »Und das bist du!«

»Und das werde ich immer sein?«, sagte sie.

»Und das wirst du immer sein«, sagte er, »solange du nur du selbst bist. Bitte sei wieder lieb, Kit. So, Liebling. So, Kindchen.«

Wieder waren sie sich nahe, und wieder war kein Geräusch zu hören.

Das Telefon läutete.

Sie zuckten zusammen, als ob sie der gleiche Pfeil durchbohrt hätte. Dann trat die junge Frau langsam zurück.

»Weißt du«, sagte sie nachdenklich, »das ist meine Schuld. Ich habe das ausgelöst. Ich. Ich war diejenige, die sagte, dass wir uns hier treffen wollten und nicht bei mir zu Hause. Ich habe gesagt, dass wir hier ungestört wären und dass ich mit dir über so viel zu reden hätte. Ich habe gesagt, wir könnten hier ungestört und allein sein. Ja. Das habe ich gesagt.«

»Ich gebe dir mein Wort«, sagte er, »dass das verdammte Ding seit einer Woche nicht geläutet hat.«

»Was für ein Glück für mich«, sagte sie, »dass ich zufällig hier war, als es das letzte Mal geläutet hat. Ich bin ja auch als Fräulein Glückspilz bekannt. Tja. Oh, bitte nimm doch ab, Hobie. Es macht mich noch viel verrückter, wenn es so weiterläutet.«

»Ich hoffe bei Gott«, sagte der junge Mann, »dass sich jemand verwählt hat.« Er drückte sie fest an sich. »Liebling«, sagte er. Dann ging er zum Telefon.

»Hallo«, sagte er in den Hörer. »Ja? Oh, hallo. Wie geht es dir, Schätzchen – wie geht es dir? Ach, tatsächlich? Oh, das ist aber schade. Ja, siehst du, ich war mit diesen Freunden meiner – ich war ziemlich lange aus. Ach, tatsächlich? Ach, das ist aber schade, Schätzchen, dass du so lange aufgeblieben bist. Nein, das habe ich nicht gesagt, Margot, ich habe gesagt, dass ich vorbeikommen würde, wenn ich es irgendwie einrichten könnte. Genau das habe ich gesagt. Das habe ich. Tja, dann hast du mich missverstanden. Tja, das musst du wohl. Also das ist doch kein Grund, verstimmt zu sein. Hör mal, was ich gesagt habe, ich habe gesagt, dass ich kommen würde, falls ich es einrichten könnte, dass ich aber nicht glaube, dass es möglich sein würde. Wenn du mal nachdenkst, dann wirst du dich daran erinnern, Schätzchen. Tja, es tut mir furchtbar leid, aber ich verstehe nicht, weshalb du deswegen so ein Theater machst. Es war doch nur ein Missverständnis, nichts weiter. Nun beruhige dich doch, und sei ein braves kleines Mädchen, ja? Also heute Abend kann ich nicht, Schätzchen. Weil ich nicht kann. Tja, ich habe eine Verabredung, die schon seit langer Zeit besteht. Ja. O nein, nichts dergleichen! Jetzt komm aber, Margot! Margot, bitte tu das nicht! Auf keinen Fall! Ich sage dir doch, dass ich nicht da bin. Na schön, dann komm eben, aber ich werde nicht da sein. Hör mal, ich kann nicht mit dir reden, wenn du so bist. Ich rufe dich morgen an, Schätzchen. Ich sage dir doch, ich werde nicht hier sein. Bitte sei vernünftig. Natürlich tue ich das. Schau. Ich muss jetzt los. Ich rufe dich an, Schätzchen. Wiederhören.«

Der junge Mann kam ins Wohnzimmer zurück und schickte seine leicht unsichere Stimme voraus.

»Wie wär's mit einem weiteren Cocktail, Süßes?«, sagte er. »Meinst du nicht, dass wir eigentlich –« Durch die zunehmende Dunkelheit sah er die junge Frau. Sie stand aufrecht und steif da. Ihre Pelzstola war um ihre Schultern geschlungen, und sie zog gerade den zweiten Handschuh an.

»Was soll das?«, sagte der junge Mann.

»Es tut mir sehr leid«, sagte die junge Frau, »aber ich muss wirklich nach Hause gehen.«

»Ach, tatsächlich?«, sagte er. »Darf ich fragen, warum?«

»Es ist lieb von dir«, sagte sie, »genug Neugierde aufzubringen und danach zu fragen. Vielen herzlichen Dank. Nun, ganz zufällig ist es so, dass ich das nicht mehr aushalten kann. Ich glaube, es gibt da irgendwo ein Sprichwort über einen Krug und einen Brunnen. Es kommt zweifellos aus dem Chinesischen. Da kommen sie ja oft her. Na denn, gute Nacht, Hobie, und vielen Dank für die köstlichen Cocktails. Sie haben mich wunderbar aufgeheitert.«

Sie streckte ihre Hand aus. Er nahm sie fest in beide Hände.

»Also jetzt hör mal«, sagte er. »Bitte tu das nicht, Kit. Bitte nicht, Liebling. Bitte. Jetzt bist du wieder genauso wie letzten Mittwoch.«

»Ja«, sagte sie. »Und genau aus dem gleichen Grund. Bitte gib mir meine Hand zurück. Danke. Also, gute Nacht, Hobie, und viel Glück weiterhin.«

»Na schön«, sagte er. »Wenn du es so haben willst.«

»Haben willst!«, sagte sie. »Es ist nicht das, was ich will. Ich hatte nur das Gefühl, dass es für dich wohl angenehmer wäre, wenn du allein sein könntest, um deine Telefonanrufe entgegenzunehmen. Bestimmt kannst du mir keinen Vorwurf daraus machen, dass ich mich ein bisschen *de trop* fühle.«

»Herrgott, glaubst du etwa, dass ich mit diesen Närrinnen sprechen will?«, sagte er. »Aber was soll ich machen? Den Telefonhörer abnehmen? Möchtest du, dass ich das mache?«

»Das ist einer von deinen guten Tricks«, sagte sie. »Ich vermute, dass du das am Mittwochabend gemacht hast, als ich dauernd anrufen wollte, als ich zu Hause Höllenqualen ausstand.«

»Das habe ich nicht gemacht!«, sagte er. »Das Amt muss die falsche Nummer angerufen haben. Ich sage dir, ich war die ganze Zeit allein hier, während du weg warst.«

»Das hast du jedenfalls gesagt«, sagte sie.

»Ich lüge dich nicht an, Kit«, sagte er.

»Das«, sagte sie, »ist die empörendste Lüge, die du mir je geboten hast. Gute Nacht, Hobie.«

Nur die Augen und die Stimme des jungen Mannes verrieten seinen Ärger. Sein wundervoll geschwungener Mund verzog sich nicht. Er nahm ihre Hand und beugte sich darüber.

»Gute Nacht, Kit«, sagte er.

»Gute Nacht«, sagte sie. »Nun, gute Nacht. Es tut mir leid, dass es so enden muss. Aber wenn du es nun einmal anders haben willst – dann willst du es eben anders haben. Du kannst nicht sie und mich zugleich haben. Gute Nacht, Hobie.«

»Gute Nacht, Kit«, sagte er.

»Es tut mir leid«, sagte sie. »Es ist eigentlich sehr schade. Stimmt's?«

»*Du* willst es ja so«, sagte er.

»Ich?«, sagte sie. »Du willst es doch so.«

»Oh, Kit, kannst du das denn nicht verstehen?«, sagte er. »Früher hast du es doch verstanden. Weißt du denn nicht, wie ich bin? Ich sage nun mal Dinge, die nichts zu bedeuten haben, nur um des lieben Friedens willen, nur damit es keinen Krach gibt. Das bringt mich eben in Schwierigkeiten. Man braucht es nicht zu tun, ich weiß. Du bist da glücklicher dran als ich.«

»Glücklicher?«, sagte sie. »Merkwürdiges Wort.«

»Nun, dann eben stärker«, sagte er. »Edler. Ehrlicher. Anständiger. All das. Ach, tu das nicht, Kit. Bitte. Bitte zieh diese Dinger aus und komm und setz dich.«

»Mich setzen?«, sagte sie. »Und warten, bis sich die Damen versammeln?«

»Sie kommen nicht«, sagte er.

»Woher weißt du das?«, sagte sie. »Früher sind sie doch auch hergekommen, stimmt's? Woher weißt du, dass sie heute Abend nicht kommen?«

»Ich weiß es nicht!«, sagte er. »Ich weiß nicht, was zum Teufel sie tun. Ich weiß ja nicht einmal, was zum Teufel du tust. Und ich habe gedacht, du seist anders!«

»Ich war anders«, sagte sie, »solange du gedacht hast, dass ich anders bin.«

»Ach, Kit«, sagte er. »Kit. Liebling. Komm, sei wieder so wie früher. Komm, sei lieb und friedlich. Schau. Lass uns noch einen Cocktail trinken, nur auf uns, und dann lass uns in ein ruhiges Lokal zum Essen gehen, wo wir reden können. Wollen wir?«

»Tja –«, sagte sie. »Wenn du meinst –«

»Das meine ich«, sagte er.

Das Telefon läutete.

»O mein *Gott*!«, kreischte die junge Frau. »Geh und nimm ab, du verdammter – du verdammter *Deckhengst*!«

Sie stürzte zur Tür, öffnete sie und war fort. Sie war schließlich anders. Sie schlug die Tür weder zu, noch ließ sie sie sperrangelweit offen.

Der junge Mann stand da, und er schüttelte langsam seinen bemerkenswerten Kopf. Wiederum langsam drehte er sich um und ging ins Schlafzimmer.

Er sprach in den Telefonhörer, zunächst trübsinnig, dann schien er am Hören und am Sprechen gleichermaßen Gefallen zu finden. Er benutzte einen Frauennamen als Anrede. Es war nicht Connie; es war nicht Evie; es war nicht Margot. Mit glühenden Worten beschwor er die Unsichtbare, sich mit ihm zu treffen; lau willigte er ein, an Ort und Stelle ihr Kommen zu erwarten. Er beschwor sie dann, seine Klingel erst dreimal und dann zweimal zu betätigen, um eingelassen zu werden. Nein, nein, nein, sagte er, dies war nicht aus einem Grund, der ihr in den Sinn gekommen sein mochte; es war nur so, dass ein Geschäftsfreund davon gesprochen habe vorbeizuschauen, und er sichergehen wolle, dass keine derartigen ungebetenen Gäste kämen. Er sprach von seinen Erwartungen, ja seinen Verheißungen, eines angenehmen und friedlichen Abends. Er sagte »auf Wiedersehen«, und er sagte »Schätzchen«.

Der sehr gut aussehende junge Mann legte den Hörer auf und sah lange auf das Zifferblatt seiner Armbanduhr, das nun schwach leuchtete. Er schien zu rechnen. So lange für eine junge Frau, um zu Hause anzukommen und sich auf die Couch zu werfen, so lange für Tränen, so lange für Erschöpfung, so lange für Reue, so lange für wiedererwachende Zärtlichkeit. Nachdenklich nahm er den Hörer von der Gabel und legte ihn auf das Tischchen.

Dann ging er in das Wohnzimmer und verscheuchte die Dunkelheit mit den winzigen Strahlen, die durch die kleinen offenen Fenster in den Panoramen von Paris fielen.